Käse

Johanna Schaal

Käse
Die besten Rezepte

Leicht oder deftig, schnell oder raffiniert,
pikant oder süß!

SEEHAMER
KOCHBUCH
Garantiert gut!

Bildnachweis:
Für die freundliche Überlassung der Abbildungen danken wir CMA Bonn/Bad Godesberg
für sämtliche Warenkunde-Fotos und Ketchum Public Relations, München/Deutscher Käse,
für die Abbildungen zu den Rezepten auf Seite 38, 39, 67, 83, 104, 119

© 2002 Seehamer Verlag GmbH, Weyarn
Alle Rechte vorbehalten
DTP: COMTEX Rudi Lardong, Rosenheim
Umschlaggestaltung: Bine Cordes, Weyam
Umschlagfoto: CMA, Bonn/Bad Godesberg
Printed in Austria
ISBN- 3-934058-77-9

Inhalt

Vorwort

Käse – so alt wie die Kuh?

Ja, es ist fast anzunehmen, dass die Menschen den Käse schon beinahe genauso lange kennen wie die Tiere Milch geben. Aus Abbildungen und aus alten Schriften schließt man, dass die Menschen vor allem zum Zwecke der Haltbarmachung die Milch manipuliert haben – übrigens mit den verschiedensten Mitteln -, und so auf den Geschmack kamen. Mit den ihnen zur Verfügung stehenden Kräutern haben sie zunächst die Käse-Aromen variiert. Später entdeckte man das heute noch für die Käseherstellung wichtige Lab in Kälbermägen und die Milchsäurebakterien.

Man geht heute davon aus, dass der Käse seit mindestens 10.000 Jahren als Nahrungs- und Genussmittel bekannt ist und geschätzt wird. Und auch die professionelle Herstellung soll schon 4.000 Jahre alt sein.

Unser Wort „Käse" geht auf das lateinische Wort „caseus" (aus: „coaxeus", das wiederum kommt aus „coacto lacte") zurück, das so viel heißt wie „geronnene Milch". Dasselbe gilt für „cheese" und „queso" im Englischen respekive Spanischen. Interessanterweise haben manche romanischen Sprachen einen anderen, ebenfalls lateinischen Ursprung gewählt: „fromage", „formaggio" kommt von „formaticum" und bedeutet „das, was in eine Form gepresst wurde". Aus diesen beiden ethymologischen Fakten erfahren wir schon das Wichtigste über die Gewinnung von Käse: Erst muss der feste Teil der Milch vom flüssigen getrennt werden – es entsteht Quark und Molke. Dann wird der feste Teil in Bezug auf Geschmack und Konsistenz hin bearbeitet und zuletzt wird das Ganze in eine Form gebracht.

Übrigens gibt es durchaus nicht nur Käse von der Kuh, nein auch Ziege, Schaf und Büffel liefern Milch für leckere Käsespezialitäten. Seltener und regional begrenzt soll es sogar Käse von Rentieren, Kamelen und Yaks geben. Kurz: Überall wo es Milch gibt, gibt es auch Käse, ganz abgesehen davon, dass die Franzosen glauben die bessere „Käse-Nation" sein.

Wie nicht anders zu erwarten, war die Menschheit in den letzten 10.000 Jahren sehr kreativ in der Erfindung neuer Käsearten und Sorten. Man schätzt, dass es auf der Welt ca. 5.000 Käsesorten gibt, im deutschen Handel gibt es ca. 300 gängige Käsesorten. Sehr spezialisierte Käsegeschäfte rühmen sich, sogar 500 Sorten im Angebot zu haben. Wenn also die Zahl der Sorten recht unüberschaubar ist, so ist dagegen die Zahl der Käsearten durch die Art ihrer Gewinnung, der Veredelung und der Reifezeit definiert.

Wie wird die Milch zu Käse?

Wie oben schon erwähnt, muss die Milch zur Käseherstellung in ihre verschiedenen Bestandteile zerlegt werden. Die festen Teile müssen von den flüssigen getrennt werden, der feste Teil wiederum in den fetten Teil, den Rahm, und die Eiweißbestandteile. Das Eiweiß ist in der Milch fein verteilt und muss zum Gerinnen gebracht werden. Dadurch wird die Milch dick. Vor diesem so genannten Dicklegen wird die Milch auf ihre Eignung für die Käserei und auf ihre einwandfreie Beschaffenheit hin überprüft. Dieser Prüfung folgt das Einstellen des Fettgehalts und in der Regel aus hygienischen Gründen eine

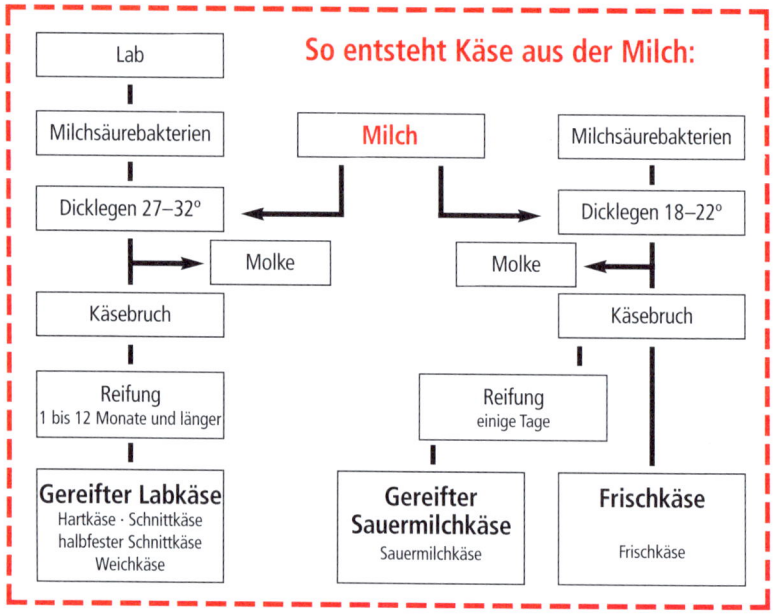

So entsteht Käse aus der Milch:

Wärmebehandlung der Milch. Dazu wird die Milch für 15–30 Sekunden auf 72–75 °C erhitzt. Es gibt allerdings auch noch Rohmilchkäse.

Der Fettgehalt der Käsereimilch wird durch Hinzufügen oder Abtrennen von Rahm eingestellt. Hierdurch wird der Fettgehalt des fertigen Käses festgelegt.

Die Pasteurisierung, also Erhitzung, ist für Frischkäse und Sauermilchkäse gesetzlich vorgeschrieben, wird jedoch für die meisten anderen Käse auch angewendet.

Für das Dicklegen der vorbereiteten Käsereimilch gibt es verschiedene Verfahren: das Säuern durch Milchsäurebakterien, die Einwirkung von Lab

aus Kälbermägen und die häufig angewandte Kombination aus beiden. Demnach unterscheidet man Sauermilchkäse und Labkäse.

Wie kommen die Löcher in den Käse?

Die Vorgänge während der Reifung des Käses enthüllen das Geheimnis der Löcher im Käse: Durch die Tätigkeit spezieller Reifungskulturen entsteht Kohlensäuregas, ähnlich wie im Hefeteig. Das Gas will entweichen, doch der Käseteig und die Rinde verhindern das. Daher bilden sich unterschiedlich große Hohlräume, in denen sich das Gas sammelt – und das sind die Löcher im Käse.

Was heißt „Fett in der Trockenmasse"?

Alle Käsebestandteile außer Wasser bilden die Trockenmasse. Je mehr Trockenmasse ein Käse enthält, desto härter ist er (z.B. Parmesan). Der Trockenmasseanteil bestimmt die Konsistenz eines Käses und legt die Käsegruppe fest:

Einteilung der Käsegruppen

Gruppe	Trockenmassegehalt	Käsesorten-Beispiele
Hartkäse	mindestens 60% Trockenmasse	Allgäuer Emmentaler, Allgäuer Bergkäse, Chester
Schnittkäse	mindestens 49% Trockenmasse	Gouda, Edamer, Tilsiter, Wilstermarschkäse
Halbfeste Schnittkäse	mindestens 44% Trockenmasse	Butterkäse, Edelpilzkäse, Steinbuscher, Weißlacker
Weichkäse	mindestens 35% Trockenmasse	Camembert, Brie, Romadur, Limburger
Frischkäse	mindestens 18% Trockenmasse	Quark, Doppelrahmfrischkäse
Sauermilchkäse	kein Mindestgehalt an Trockenmassse vorgeschrieben	Mainzer, Harzer, Korbkäse, Handkäse, Olmützer Quargel

Wenn der Trockenmassegehalt eines Käses bekannt ist, läßt sich der absolute Fettgehalt einfach berechnen.

9

Während der Käsereifung verdunstet ein Teil des Wassers, sodass ein Käse im Laufe seiner Entwicklung an Gewicht verliert. Das Gewicht der Trockenmasse hingegen verändert sich kaum. Deshalb geben die Hersteller den Fettgehalt einer Käsesorte in % in der Trockenmasse (% Fett i. Tr.) an.

Der absolute Fettgehalt im Käse ist wesentlich niedriger als diese Angabe. Je nach Trockenmassegehalt beträgt er nur etwa die Hälfte.

Käse – ein gesundes Lebensmittel?

Da die Milch der Rohstoff für die Entstehung von Käse ist, enthält der Käse alle wertgebenden Bestandteile der Milch, wie Protein, Fett, Kalzium oder Vitamin A. Teilweise sind diese Nährstoffe sogar in höheren Konzentrationen als im Ausgangsprodukt enthalten. Käse ist somit ein wichtiger Bestandteil einer ausgewogenen Mischkost und ganz besonders der vegetarischen Ernährung.

Kohlehydrate und Fett, so genannte Betriebsstoffe, liefern dem Körper vorwiegend Energie zur Aufrechterhaltung des Stoffwechsels, der Körpertemperatur und für Arbeitsleistungen. Eiweiß wird als Baustoff zum Wachstum und zur Erhaltung des Körpers benötigt. Vitamine und Mineralstoffe dienen als Schutz- und Reglerstoffe.

Der Schlüssel zu einer gesund erhaltenden Ernährung liegt in einer angemessenen Versorgung mit Energie und der ausreichenden Zufuhr aller lebensnotwendigen Nährstoffe. Dabei sollen 15 Prozent der Energie als Eiweiß, 55 Prozent als Kohlehydrate und 30 Prozent der Kalorien in Form von Fett aufgenommen werden.

Was ist mit dem Fett im Käse?

Milchfett ist besonders leicht verdaulich, das liegt an seinem hohen Anteil an kurz- und mittelkettigen Fettsäuren und seinem niedrigen Schmelzpunkt nahe der Körpertemperatur. Diese Eigenschaften, zusammen mit der feinen Verteilung der kleinen Fettkügelchen, erleichtern die Aufnahme des Milchfetts im Darm. Milchfett ist zudem der Träger der fettlöslichen Vitamine A, D, E und K.

Viele Aromastoffe, die für den charakteristischen Geschmack der verschiedenen Käsesorten verantwortlich sind, sind fettlöslich. Bei der Käsereifung entstehen aus Fettsäuren Aromastoffe. Das macht das Fett zu einem wichtigen Geschmacksträger und Aromavermittler.

Hier haben wir auch die eindeutige Antwort auf die Frage, warum die zahllosen Diätkäse und modernen „light"-Produkte nicht mehr nach Käse schmecken!

Was ist mit dem Käseeiweiß?

Milch- und somit auch das Käseeiweiß gehören zu den Nahrungseiweißen mit der höchsten biologischen Wertigkeit – sie enthalten viele essenzielle, d.h. lebensnotwendige Aminosäuren, also Eiweißbausteine. Zudem erhöht das Milcheiweiß die biologische Wertigkeit anderer Nahrungseiweiße, wie z. B. die aus Brot oder Kartoffeln. In einem Käsebrot oder einem Kartoffel-Käse-Auflauf ergänzen sich die essenziellen Aminosäuren also optimal. Auch eine kleine Zwischenmahlzeit aus Käse und Nüssen ist eine hochwertige Eiweißkombination.

Im Laufe der Käsereifung verbessern sich Verdaulichkeit und Bekömmlichkeit des Käseeiweißes.

Käse als Vitamin- und Mineralstoffspender?

Die wichtigsten Mineralstoffe im Käse sind Kalzium und Magnesium, an Vitaminen liefert er vor allem Vitamin A und dessen Vorstufe Beta-Carotin, sowie einige Vitamine der B-Gruppe. Nach einem Blick in die Tabelle auf der folgenden Seite muss man den Käse als ein durchaus gesundes Lebensmittel anerkennen.

Wie wird Käse richtig gelagert und aufbewahrt?

Besonders gut lässt sich Käse am Stück aufbewahren, so kann er weniger leicht austrocknen und bewahrt sein Aroma.

Frischkäse sollte unbedingt immer im Kühlschrank stehen, da er leicht verdirbt. Auch reife Weichkäse sind in ihren Originalverpackungen bis zum Verzehr im Kühlschrank gut aufgehoben.

Alle anderen Käsesorten sollten zur Lagerung im Kühlschrank in atmungsaktive Folien eingepackt werden. So bekommt der Käse genügend Luft. Ideal ist eine Käseglocke. Zur Luftbefeuchtung empfiehlt es sich, ein Stück Tomate zum Käse zu legen. Butterkäse und andere milde Sorten sollte man getrennt von stark duftenden Käsen lagern. Die Käseglocke stellt man am besten ins Gemüsefach, da üblicherweise dort die höheren Temperaturen sind.

Käse lagert idealerweise bei ca. 12–14 °C. Eine Stunde vor dem Verzehr sollte man die Käseglocke aus dem Kühlschrank nehmen, damit der Käse sein Aroma entfalten kann.

Käse einfrieren?

Grundsätzlich eignet sich Käse nicht so gut zum Einfrieren, es ist jedoch umso besser möglich, je höher der Trockenmasseanteil im Käse ist. Es leuchtet ein, dass die Wasserbestandteile kristallisieren und dies beim Auftauen die Struktur des Käses verändert.

Besonders gut eignet sich daher der Parmesan zum Einfrieren. Ihn kann man sogar in gefrorenem Zustand reiben und den Rest umgehend wieder zurück in die Kühltruhe legen. Schnittkäse sind begrenzt geeignet, Weichkäse und Frischkäse eignen sich überhaupt nicht zum Einfrieren.

Nährwettabelle ausgewählter Käsesorten

Nährstoffgehalt pro 100 g Käse	Energie		Fett		Protein	Calcium	Vitamin A	Vitamin B₂	Vitamin B₁₂
	kcal	kJ	% i. Tr.	g	g	mg	µg	µg	µg
Emmentaler	387	1620	45	30	29	1100	330	320	2,7
Chester	369	1545	45	29	27	760	320	470	1,1
Edamer	303	1270	40	22	25	800	250	320	2,0
Dt. Gouda	303	1265	40	22	25	800	250	300	1,9
Dt. Gouda	329	1375	45	25	24	800	280	300	1,9
Tilsiter	256	1070	30	16	27	850	180	400	2,3
Butterkäse	301	1260	45	24	22	750	260	320	2,0
Edelpilzkäse	360	1505	50	30	23	700	330	430	2,0
Camembert	207	866	30	13	23	380	140	560	2,0
Camembert	315	1315	50	26	21	350	280	520	1,8
Brie	281	1175	45	22	21	350	240	520	1,8
Limburger	188	787	20	9	26	400	100	400	2,0
Limburger	272	1135	40	20	23	350	220	350	2,0
Harzer/Mainzer	129	540	10	0,7	30	180	10	350	2,0
Doppelrahmfrisch-käse mit Kräutern	253	1055	60	23	9	90	250	230	0,7

Neben dem Energiegehalt kann man der Nährwerttabelle auch den absoluten Fettgehalt (Fett in g) eines Käses entnehmen. Deutlich zu sehen die hohen Calciumgehalte, die zur ausgewogenen Ernährung beitragen.

Die verschiedenen Käsearten

Es gibt verschiedene Arten, den Käse zu gruppieren. Wir haben uns für die folgende Auflistung entschieden. Die Auflistung erhebt keinerlei Anspruch auf Vollständigkeit, aber wir glauben, einen repräsentativen Querschnitt durch die bei uns üblichen Käsesorten gefunden zu haben.

Frischkäse – von Quark bis Mozzarella

Unter Frischkäse versteht man all die Sorten, die frisch verzehrt werden, also zum Entfalten ihrer Qualitäten keinerlei Reifungsprozess benötigen. Sie alle haben eines gemeinsam: Durch Eier, Milch, geschlagene Sahne oder Gelatine werden sie so herrlich cremig und locker, wie es das jeweilige Rezept gerade verlangt.

Frischkäse entsteht durch Milchsäurebakterien und besondere Enzyme, die zusammen die Milch gerinnen lassen, sodass sich ihre festen Bestandteile wie Fett und Eiweiß von der Molke trennen. Für den Ricotta z.B. wird eben diese Molke noch verwendet.

Zu den Frischkäsen gehören:

- *Quark,* in Bayern Topfen, regional auch Weißkäse genannt, ist dickgelegte Gallerte, von Molke befreite Milch, als Magerquark besonders diätfreundlich. Es gibt ihn mit 10 %, 20 % oder 40 % Fett i. Tr. Er ist beliebt in Süßspeisen, aber auch als pikante Variante. Quark ist die Basis für die Herstellung von Frischkäse.
- *Schichtkäse:* Wie der Name schon sagt, wird hier die gestockte Milch schichtweise abgeschöpft, Lagen und Gärlöcher sind erkennbar. Schichtkäse hat einen fein-säuerlichen Geschmack und wird meist mit 10 % oder 20 % Fett i. Tr. angeboten. Für einen echten Käsekuchen ist er unerlässlich.
- *Kerniger Frischkäse:* In seiner Heimat, den USA, nennt man ihn „Cottage Cheese", bei uns ist er als Hüttenkäse bekannt. Mit seinen von Sahne umgebenen Bruchkörnern verleiht er nicht nur jedem Frühstück eine besondere Note. Im Handel gibt es diesen besonders eiweißreichen Frischkäse mit 10 % und mit 20 % Fett i. Tr.

- *Ricotta* wird in Norditalien meist aus Kuhmilchmolke, der echte Ricotta Romana aber wird aus Schafsmilchmolke hergestellt. Frisch ähnelt der Ricotta einem festen Quark, schmeckt aber weniger säuerlich.
- *Mascarpone:* Für diesen zarten Frischkäse aus Italien wurde 30-prozentige Sahne erhitzt und mit Zitronensaft oder Zitronensäure erst zum Gerinnen, dann zum Abtropfen gebracht. Mascarpone enthält entsprechend viel Fett, was jedoch den daraus zubereiteten Speisen und Desserts, wie z. B. dem berühmten Tirami su, zugute kommt.
- *Mozzarella* stammt aus dem Süden Italiens und gilt als der klassische Pizza-Käse, der in der Wärme des Ofens sahnig schmilzt. Typisch für diesen Frischkäse ist die glatte Kugelform. Ursprünglich entstand Mozzarella aus aromatischer Büffelmilch (Mozzarella di bufala) mit 50 % Fett i. Tr. Auf Grund der hohen Nachfrage stellt man ihn heute auch aus Kuhmilch her (Fior di latte) mit 45 % Fett i. Tr. Mozzarella gehört zur Filata-Familie (von filare = ausziehen). Der Bruch wird grob zerschnitten, mit heißem Wasser überbrüht und geknetet, bis eine elastische Masse entsteht, die zu Strängen ausgezogen und geformt wird.
- *Doppelrahm-Frischkäse* ist ein sahniger, mild-säuerlicher, leicht gesalzener und fast schnittfester Frischkäse mit mindestens 60 % Fett i. Tr. Er eignet sich als Brotaufstrich, aber auch zum Verfeinern von Saucen und Suppen, für Desserts und Torten und zum Überbacken einer herzhaften Quiche. Man kann ihn auch mit Kräuter, Pfeffer oder Knoblauch gewürzt kaufen.

Zur Gruppe der Frischkäse gehören außerdem:

- *aus Frankreich:* Boursin, Petit Suisse, Rigotte
- *aus Italien:* Creszenza, Murazzano
- *aus Österreich:* Kugelkäse

Sauermilchkäse – von Harzer bis Kochkäse

Sauermilchkäse sind eine deutsche Spezialität. Sie reifen aus Sauermilchquark der Magerstufe und sind so allesamt eiweißreich und fettarm. Sauermilchkäse reifen wie Weichkäse von außen nach innen.

Zu den Sauermilchkäsen gehören:

- *Harzer Käse, Olmützer Quargel* und *Mainzer Käse* werden in kleinen Laibchen von 15–125 g mit und ohne Kümmel hergestellt. Sie haben eine glatte, goldgelbe bis rötlich-braune Oberfläche. Der Käseteig ist geschmeidig- fest bis fest und leicht gelb. Die Käse schmecken mild-pikant, bei fortgeschrittener Reife noch etwas pikanter.

- *Handkäse, Bauernhandkäse* und *Korbkäse, Stangenkäse* und *Spitz-käse* heißen weitere Sauermilchkäse, die sich im Wesentlichen nur durch ihre Form und Größe unterscheiden. Sie können wie Harzer hergestellt sein, zum Teil werden sie auch mit weißem Edelschimmel angeboten. Dann ist ihre Oberfläche gleichmäßig mit Camembert-Schimmel überzogen. Auch sie gibt es mit und ohne Kümmelzusatz. Im Geschmack rangieren sie zwischen mild-aromatisch und leicht pikant.
- *Kochkäse* ist ein Schmelzkäse aus gereiftem Quark. Beim Schmelzen werden, je nach gewünschtem Fettgehalt Butter, Butterschmalz oder Sahne zugesetzt, außerdem Gewürze und Koch- oder Schmelzsalze. Kochkäse kommt in Bechern und Dosen in den Handel, er ist gelblich und gut streichfähig.

Schnittkäse – von Bel Paese bis Raclette

Hier kommen wir also zum wahren „formaticus", dem in die Form ge-pressten Käse, der auf Grund seiner Konsistenz auch halbfester und Schnitt-käse genannt wird. Der nach der Milchgerinnung entstandene Käsebruch wird gleich nach Ablaufen der Molke in die verschiedensten Formen – rund eckig, oval, flach und hoch – gepresst, der weichere Käse entsteht dann aus dem größeren, der härtere aus dem kleineren Bruch. Bevor der Käse aller-dings zum Verkauf und zum Verzehr kommt, badet der vorgeformte Laib in Salzwasser und reift in temperierten Kellern auf luftigen Regalen. Hier ent-wickelt jede Sorte ihren typischen Geschmack. Die Reifezeit sollte mindestens fünf Wochen betragen.

Zu den Schnittkäsen gehören:

- *Bel Paese* ist neben dem Parmesan wohl einer der bekanntesten Käse aus Italien. Unter dem obligatorischen Paraffinmantel verbirgt sich ein pikant-säu-erlicher, nicht zu fester Käse, der wunderbar zu Obst passt – mit Trauben auf der Käse-Platte –, aber sich ebenso gut zum Überbacken eignet. Er enthält 50 % Fett i. Tr.
- *Butterkäse,* der beliebte deutsche Brotzeit-Käse, schmeckt mild-säuerlich und besitzt eine geschmeidige Konsistenz. Es gibt ihn mit gelb-rötlicher Hülle und auch ohne, in Kunststoff-Folie gewickelt. Sein Fettgehalt beträgt 45 % bis 60 % i.Tr., womit er sich auch zum Überbacken eignet.
- *Cheddar* ist der Briten liebster Käse, erkennbar an seiner zylindrischen Form und auffallend durch seinen besonders würzigen Geschmack. Den Cheddar durchziehen unregelmäßige Löcher, die gelbliche Tönung erhält er durch Zusatz von Carotin. Früher wurde er von einem Tuch umhüllt, heute findet man ihn öfter in einer Wachshülle. Sein Fettgehalt liegt bei 48 % i. Tr.

● **Edamer** wird in Holland – ursprünglich in der Stadt Edam, die ihm seinen Namen gab – in großen Laiben hergestellt, er ist meist mit einem roten Paraffinüberzug überzogen. Ein schwarzer Paraffinüberzug deutet an, dass es sich um einen gereifteren Edamer handelt (mindestens 17 Wochen!). Edamer hat eine spärliche erbsengroße Lochung, sein Geschmack ist mild. Er eignet sich zur Brotzeit, aber auch zum Überbacken. Sein Fettgehalt liegt bei 30 oder 40 % i. Tr.

● **Gouda** – ursprünglich ein Holländer aus der gleichnamigen Stadt – gibt es in verschiedenen Reifegraden, die jeder für sich von eigener Qualität sind. In Holland gibt es eine Variante aus Rohmilch, meist wird er aber aus pasteurisierter Milch hergestellt. Junger Gouda mit gelber Rinde ist fest und glatt und von kleinen Löchern durchsetzt. Sein Geschmack ist fruchtigsüß. Vom mittelalten Gouda über den alten (reifen) Gouda, der mehr als ein Jahr alt sein muss und durch die schwarze Wachshülle erkennbar ist, wird der Käse fester und intensiver im Geschmack. Seit Fettgehalt liegt bei 40–45 % i. Tr.

● **Fontina** wird aus Rohmilch ausschließlich im italienischen Aosta-Tal hergestellt. Seine Reifezeit beträgt drei Monate. Mit seinem leicht süßlichen, delikaten Aroma und seinem zarten Schmelz ist er der Hauptbestandteil der „Fonduta", einer italienischen Variante der Käse-Fondue. Fontina ist von einer gelben bis hellbraunen Rinde umgeben und enthält 45 % Fett i. Tr.

● **Morbier,** ein aus der gleichnamigen Stadt im französischen Jura stammender Rohmilch-Käse, ist bekannt durch die ihn horizontal durchziehende Ascheschicht. Ursprünglich entstand diese Schicht dadurch, dass man eine Mischung aus Holzasche und Salz über den aus der Morgenmilch hergestellten Bruch streute und darauf später den Käsebruch aus der Abendmilch verteilte. Morbier hat eine gummiartige Konsistenz und ein kräftiges Aroma und schmeckt am besten geschmolzen auf frischem Brot oder über Kartoffeln – ähnlich wie der Raclette-Käse. Sein Fettgehalt beträgt 45 % i. Tr.

● **Raclette** kommt ursprünglich aus dem Schweizer Wallis, wird aber inzwischen auch in Frankreich hergestellt. Seinen Namen verdankt er dem Wort „racler" = schaben, und geschabt wird der Raclette-Käse beim traditionellen Raclette-Essen. Eine Hälfte des großen Käserads wird in eine Halterung eingeklemmmt und dann mit der Schnittfläche an eine möglichst natürliche Wärmequelle geführt. Der Käse schmilzt, wirft Blasen und wird dann mit einem Holzspatel auf den Teller geschabt, wohlgemerkt mit der hellbraunen Rinde. Diese Rinde wird knusprig und gilt unter Kennern als besondere Spezialität („la religieuse" genannt). Dazu isst man neue Kartoffeln und Mixed Pickles. Raclette eignet sich auch hervorragend zum Überbacken, da er so schön schmilzt. Der Raclette braucht eine Reifezeit von drei bis vier Monaten, schmeckt mild erdig und hat einen Fettgehalt von 45 % i. Tr.

Zur Gruppe der Schnitt- bzw. halbfesten Käse gehören außerdem:

- *aus Deutschland:* Geheimratskäse, Trappistenkäse, Tilsiter, Wilstermarsch-käse
- *aus Frankreich:* Murol, Pont l'Evêque, Saint Nectaire, Tomme de Savoie
- *aus Holland:* Boerenkaas, Friesekaas, Leerdamer, Maasdamer
- *aus Italien:* Caciocavallo, Casciotta di Urbino, Quartirolo Lombardo, Raschera, Scamorza, Starcchino, Taleggio, Toma
- *aus Österreich:* Mondseer
- *aus Dänemark:* Banbo, Esrom, Havarti, Maribo, Samso

Hartkäse – von Bergkäse bis Parmesan

Kompakt und schwer liegen sie auf der Waage, würzig steigen sie in die Nase – Käse mit nachgewärmtem, gepresstem Teig. Aus 1000 Liter Milch gewinnt man beispielsweise einen 80 kg schweren Emmentaler. Der nur hirsekorn-große Bruch wird nachgewärmt, damit er sich zusammenzieht. Dann erfolgt das Pressen. Durch die lange Lagerung – mindestens drei Monate – verliert der Käse weitere Flüssigkeit. Hartkäse haben folglich von allen Käsearten die höchste Trockenmasse. Sie werden meist in der Vollfettstufe oder noch höhe-ren Fettstufen hergestellt. In den Reifungskellern entwickeln sie ihre feste Konsistenz, ihr volles Aroma und den würzigen Geschmack. Hartkäse sind sehr gut haltbar und lagerfähig.

Zu den Hartkäsen gehören:

- **Bergkäse** werden in den höheren Bergregionen der Pyrenäen und der Alpen hergestellt. Er reift in großen Laiben mit dunkelgelber bis bräunlicher Rinde. Oft sind sie, wie der Allgäuer Bergkäse, aus Rohmilch. Der mit weni-gen erbsengroßen Löchern durchsetzte Teig ist geschmeidig-fest, das Aroma kräftig würzig. Der Fettgehalt liegt bei 50 % i. Tr.
- **Emmentaler,** als Allgäuer Emmentaler bekannt geworden, wurde und wird nach wie vor im Allgäu aus Rohmilch hergestellt. Emmentaler ohne den Zusatz „Allgäuer" gibt es inzwischen auch aus erhitzter Milch. Er schmeckt mild-aromatisch und nussig und hat gleichmäßige kirschgroße Löcher. Sein Fettgehalt liegt bei 45 % i. Tr. Ganz urspünglich kommt der Emmentaler aus dem Tal der Großen Emme in der Schweiz.
- **Gruyère** oder **Greyerzer** stammt aus dem französischen Jura und der angrenzenden Westschweiz. Das Greyerzer Land liegt im Schweizer Kanton Fribourg. Gruyère wird nur aus der Sommermilch zubereitet, dort wo man aus der Wintermilch den Vacherin zubereitet. Der hellgelbe Teig hat wenige

kleine Löcher und Risse. Die gelbbraune natürliche Rinde ist geschmiert, mit reinem Salzwasser abgerieben, daher kommt sein pikant-würziger Geschmack. Seine Reifezeit beträgt bis zu 10 Monaten, sein Fettgehalt mindestens 45 % i. Tr. Er eignet sich besonders gut zum Grillen und für die Fondue.

- *Parmesan, Parmigiano-Reggiano,* ist wohl der bekannteste italienische Hartkäse, er stammt aus der Emilia Romagna (Parma) und wird nur in den Sommermonaten aus der würzigen Sommermilch von einigen ausgewählten Meiereien hergestellt. Parmesan reift bis zu drei Jahre lang, dadurch entsteht seine äußerst feste Konsistenz, der man nur mit einem Spezialmesser oder mit einer speziellen Reibe zu Leibe rücken kann. Parmesan enthält nur 32 % Fett i. Tr. Meist kennt man ihn als das i-Tüpfelchen auf der leckeren Spagetti-Mahlzeit, aber er eignet sich mit seiner Würze auch zum Überbacken. Allerdings muss man aufpassen, dass er nicht zu heiß wird, da er sehr eiweißreich und körnig ist. Am besten mischt man ihn zuvor mit Crème fraîche, mit Butter oder mit einem fetthaltigeren weicheren Käse, damit die Kruste nicht trocken wird und nicht so leicht verbrennt.
- *Provolone* fällt durch seine Form auf. Meist hängt er in Gurken- oder Wurstform an einer Kordel. Der aus der italienischen Region Kampanien stammende faserige Industriekäse gehört der Familie der Filata-Käse an. Bei einer Reifungszeit von mindestens drei Monaten ist er, je nach Alter, mild bis pikant. Provolone besitzt wenigstens 45 % Fett i. Tr.
- *Sbrinz* ist ein extraharter Käse aus der Innerschweiz, dem Parmesan vergleichbar. Sein Fettgehalt liegt bei 45 % i. Tr.

Zur Gruppe der Hartkäse gehören außerdem:

- *aus Frankreich:* Cantal, Comté, Laguiole, Laruns, Mimolette française, Salers, Tomme d'Abondance
- *aus Holland:* Mimolette, Leydener/Leidsekaas
- *aus Italien:* Asiago, Bra, Canestrato Pugliese, Castelmagno, Fiore Sardo, Grana (Padano), Montasio, Pressato, Ragusano, Ubriaco
- *aus der Schweiz:* Appenzeller, Royalp-Tilsiter, Saanen, Sapsago, Tête-de-Moine

Käse mit Außenschimmel – von Brie bis Vignotte

Der charakteristische flaumig-weiße bis rötlich durchzogene Außenschimmel dieser Käsesorten entsteht durch bestimmte Pilzkulturen. Sie werden auf den z.T. noch handgeschöpften, weich gepressten und gesalzenen Frischteig aufgetragen, wo sie sich bei hoher Luftfeuchtigkeit und konstant niedriger Raumtemperatur voll entwickeln. Auf Grund ihrer weichen Konsistenz im reifen Zustand nennt man sie Weichkäse.

Vom persönlichen Geschmack des Käseliebhabers hängt es ab, welchen Reifegrad von Camembert und Brie er vorzieht. Da sie beide von innen nach außen reifen, haben sie frisch noch einen festen, dem Quark vergleichbaren Kern. Zum idealen Reifezeitpunkt ist ihr Teig weich, fast fließend, auf ihrer Oberfläche hat sich zusätzlich Rotflor gebildet. Ein leichter Druck auf die Mitte des Käses gibt Auskunft über seine Reife. Die Weißschimmelkäse lassen sich, in Pergament einzeln verpackt, in einer verschließbaren Dose im Kühlschrank gut aufbewahren. Aber sie reifen auch dort ständig weiter. Also nicht zu lange aufbewahren!

Zu den Käsen mit Außenschimmel gehören:

- **Brie:** Französischer Brie de Meaux und Brie de Melun werden aus Rohmilch, andere, auch deutsche Briesorten, aus pasteurisierter Milch hergestellt. Brie kommt in flachen, tortenförmigen Laiben auf den Markt, reif ist er cremig würzig, sein Fettgehalt liegt bei mindestens 44 % i. Tr.
- **Camembert de Normandie:** Diese französische Spezialität wird ausschließlich aus Rohmilch gewonnen und hat einen Fettgehalt von 45 % i. Tr. Französischer Rohmilchcamembert schmeckt jung leicht säuerlich, je reifer der Käse wird, umso kräftiger wird er im Geschmack. Die meisten Franzosen lieben ihn erst richtig, wenn er nach unseren Begriffen nicht mehr genießbar ist, dann nämlich wenn er jenen typischen Geruch nach Ammoniak angenommen hat. Nicht nur in diesem Stadium schneiden die Franzosen übrigens die äußere Schimmelschicht fein säuberlich vom Käse ab.
- **Coullommiers** ist ein französischer Verwandter des Brie. Er wird schon recht bald, nachdem sich der Schimmelflor gebildet hat, verzehrt. Dann ist er noch fest und im Geschmack leicht säuerlich. Ein reifer Coullommier hat einen rötlich-braunen Flor, vor allem entlang den Rändern. Sein Fettgehalt liegt bei 45–50 % i. Tr.
- **Fougerus,** üblicherweise in Farnblätter gewickelt, die ihn vor dem Austrocknen schützen sollen und deren Aroma er annimmt, ist geschmacklich dem Coulommier sehr ähnlich.
- **Paglietta** ist ein gleichmäßig durchgereifter italienischer Weißschimmelkäse aus dem Piemont mit cremiger hellgelber Konsistenz und zartem Geschmack. Sein Fettgehalt beträgt 50 % i. Tr.
- **Rahmcamembert:** Weihenstephaner Rahmcamembert beispielsweise wird wie die meisten deutschen Camemberts aus pasteurisierter Milch hergestellt, er ist sahnig-mild und hat 55 % Fett i. Tr.
- **Suprème:** Dieser französische Weichkäse mit Weißschimmel reift gleichmäßig durch den gesamten Teig. Er besticht durch seine sahnige, milde Art, die er seinen 62 % i. Tr. Fettgehalt verdankt. Auffallend ist seine ovale Form.
- **Vignotte** ist ein französischer Weinbergkäse mit Weißschimmelbelag. Der Kern ist groß und fest, nur wenig cremiger Teig sitzt unter der Rinde.

75 % i. Tr. Fettgehalt verleihen ihm eine sahnige Substanz mit fruchtigsäuerlichem Geschmack.

Zur Gruppe der Außen- oder Weißschimmelkäse gehören außerdem:

- *aus Frankreich:* Boursault, Brillat-Savarin, Caprice des Dieux, Dreux à la Feuille, Explorateur, Gaperon, Le Brin, Livarot, Neufchâtel, Olivet, Palet de Baligny, Pavé d'Auge, Pithiviers au Foin, Saint-Albray

Käse mit Innenschimmel – von Bleu d'Auvergne bis Roquefort

Man nennt sie auch die Edelpilzkäse und versteht darunter etwas ganz besonders Delikates. Die Farbpalette des Edelschimmels geht von blau über grünblau bis graugrün. Der Teig ist weißgelb bis orangerot und ist vom Edelschimmel unregelmäßig durchzogen. Es handelt sich um einen milchsauer vergorenen Käse, der ungekocht und ungepresst ist. Bisweilen hat der Blauschimmelkäse eine naturgewachsene Rinde, die wegen ihres kräftigen Geschmacks meist vor dem Verzehr entfernt wird.

Die Käselaibe reifen von innen nach außen in luftigen, feucht-kühlen Kellern, oder wie der Roquefort in Höhlen. Der charakteristische blaue Innenschimmel entsteht durch das Einimpfen bestimmter Pilzkulturen. Das mehrmalige Einstechen mit Edelstahlnadeln sorgt für ausreichende Sauerstoffzufuhr, die für die Entwicklung der Pilzkultur benötigt wird. Lagern sollte man die Edelpilzkäse am besten in Alufolie gewickelt und in einer gut verschließbaren Dose im Kühlschrank. So hält er sich einige Tage.

Zu den Blauschimmel- oder Edelpilzkäsen gehören:

- **Bleu d'Auvergne** stammt aus dem französischen Zentralmassiv. Er besitzt einen cremig-festen, hellgelben Teig und blauen Schimmel. Er schmeckt pikant und kräftig. Sein Fettgehalt beträgt 45–50 % i. Tr.
- **Blue Stilton** ist die englische Variante des Blauschimmelkäses und besonders würzig. Er hat eine natürlich gereifte graue, gebürstete Rinde und einen hellgelben Teig mit stark ausgeprägten blaugrünen Adern. Diese Adern müssen sich bei einem vollkommenen Stilton bis zur Rinde ausdehnen. Sein Fettgehalt beträgt 48 – 55 % i. Tr.
- **Cabrales** ist ein aus Westspanien stammender Blauschimmelkäse, der seine Reife in Ahorn- oder Platanenblätter gewickelt ausbildet. Dazu wird er für sechs Monate in einer Kalksteinhöhle gelagert. Der Käse ist intensiv würzig, hat einen blaugrauen Schimmel und ist von fester Konsistenz. Sein Fettgehalt liegt bei 44 % i. Tr.

- **Gorgonzola** heißt der berühmte italienische Edelpilzkäse aus dem Piemont und der Lombardei. Sein gelblicher, von blaugrünem Schimmel durchzogener Teig ist von einer rötlichen Rinde umgeben. Gorgonzola ist streichbar und enthält 48 % Fett i. Tr. Man unterscheidet zwischen der milderen Variante, dem Gorgonzola dolce, und der würzigeren, dem Gorgonzola piccante.
- **Roquefort** wird eigentlich als der Vater der Blauschimmelkäse bezeichnet. Er wird allerdings ausschließlich aus Schafmilch hergestellt. Der weiß- bis cremefarbene, speckige, weich bröckelige Teig mit kräftiger blauer Marmorierung hat 45–52 % Fett i. Tr. Roquefort reift drei Monate im speziellen luftig-feuchten Klima der Kalksteinhöhlen des Bergmassivs Combalou, nahe dem Ort Roquefort. Und nur dort kann sich der typische, sehr kräftige Geschmack dieser Käsespezialität entwickeln.

Zu den Käsen mit Innenschimmel gehören außerdem:

- *Deutschland:* Cambozola
- *Dänemark:* Blue Castello, Danish Blue, Mycella
- *Frankreich:* Bleu de Causses, Bresse Bleu, Fourme d'Ambert, Saint-Agur
- *Italien:* Dolcelatte, Dolcelatte Torta

Gewaschener Käse – von Chaumes bis Vacherin

Die gewaschenen Käse stechen hervor durch ihr kraftvolles Aroma, ihre meist leuchtende Farbe und ihren unverwechselbar würzig-kräftigen Geschmack. Und gleich vorweg gesagt, sie sind nicht jedermanns Geschmack, ebenso wenig wie ein überreifer Camembert.

Ihr Name kommt daher, dass sie tatsächlich häufig gewaschen, gebürstet, mit Salzlake, Wein oder Trester abgerieben werden. Sie lagern in unterschiedlichsten Formen in luftigen Regalen und werden häufig gewendet, damit sie in Form bleiben. Auf die äußere Schicht werden Mikroorganismen aufgetragen, aus denen sich die rötliche bis gelbbraune Schmiere entwickelt. In dieser Zeit reift auch der Teig von außen nach innen, die zarte Konsistenz und der typische Geschmack bilden sich aus von sahnig-würzig bis kräftig, schon leicht anrüchig, was die Liebhaber des gewaschenen Käses so schätzen. Verzehrt wird er übrigens meist ohne die schmierige Rinde.

Zu den gewaschenen Käsen gehören:

- **Chaumes** ist wohl einer der bekannteren Franzosen aus dieser Gruppe. Er gehört zu den milderen Vertretern und hat eine sehr sahnige Konsistenz.

Seine Rinde ist tief orangefarben und mit einer zarten Papierhülle umgeben. Chaumes hat 50 % Fett i. Tr.

- *Limburger* hat seinen Namen von der belgischen Stadt Limburg und wurde von dort ins Allgäu importiert. Man nennt ihn wegen seiner Form auch Backsteinkäse. Limburger hat eine dünne Haut mit gelblicher bis rötlicher Färbung. Je nach Fettgehalt (40–60 % i. Tr.) und Reifegrad schmeckt er mild-würzig bis kräftig-pikant.

- *Munster, dt. Münsterkäse,* stammt aus dem Munstertal im Elsass. Die kleinen flachen Laibe haben eine orange bis gelbgraue Färbung, der junge Munster hat eine buttergelbe, weiche und geschmeidige Konsistenz, im reifen Zustand beginnt der Käse zu fließen. Sein Aroma ist süßlich-pikant, fast heftig, manchmal aggressiv. Sein Fettgehalt liegt bei 45–50 % i. Tr. Eine Variante ist der Munster au Cumin (mit Kümmel), Verwandte sind der Langres und der Géromé.

- *Reblochon* ist eine besondere Spezialität aus dem französischen Hochsavoyen. Unter seiner gelben Haut befindet sich eine cremige, dem Gaumen schmeichelnde Käsemasse, die ihresgleichen sucht. Sein nussiger Geschmack ist noch intensiver bei den nach alten Rezepten auf Bauernhöfen hergestellten Sorten (Reblochon fermier). Sein Fettgehalt liegt bei 45–50 % i. Tr.

- *Vacherin:* Unter diesem Namen gibt es dort, wo die Schweiz und Frankreich nahe Genf aufeinander treffen, verschiedene Varianten. Der bekannteste aber ist der Vacherin Mont d'Or, der aus der Gegend von Fribourg stammt und in diese Gruppe der gewaschenen Käse gehört. Hergestellt wird er nur aus der Wintermilch, dort wo man aus der Sommermilch den Gruyère bereitet. Er hat eine geschmeidige, gewellte bräunlich bis rosafarbene Rinde und ist mit weißem Schimmel bestäubt. Im reifen Zustand ist er so zart schmelzend, dass man ihn fast mit dem Löffel essen muss. Um den Käse in Form zu halten, bettet man ihn in Fichtenrinde und verpackt ihn in Schachteln aus Pinienholz. Das Aroma dieser Verpackung legt sich zart auf den Käse. Der Fettgehalt liegt bei 50 % i. Tr.

- *Weißlacker* heißt eine weitere deutsche Art des gewaschenen Käses. Man nennt ihn auch Bierkäse, weil er zu Bier besonders gut schmeckt. Typisch für den Weißlacker sind die weißlich, lackartige Schmiere und der leicht krümelige, speckig glänzende Teig mit 40–50 % Fett i. Tr.

Zur Gruppe der gewaschenen Käse gehören außerdem:

- *aus Deutschland:* Romadur, Weinkäse
- *aus Frankreich:* Carré de l'Est, Mamirolle, Maroilles, Nantais, Rollot, Rouy, Soumaintrain, Saint paulain, Tamie, Tourée de l'Aubier

Schaf- und Ziegenkäse – von Chèvre bis Pecorino

Wenn wir nur die Namen dieser Käsesorten mit geschlossenen Augen auf der Zunge zergehen lassen, kommen unweigerlich Urlaubsbilder in unseren Kopf. Wir assoziieren gesunde Natur, saftig-grüne Weiden und die Weite schwach besiedelter Landschaften, kurz die Romantik der Mittelmeerländer.

Wider alles Erwarten entzog sich diese Käseart bisher weitgehend erfolgreich der industriellen Herstellung und blieb so bis heute etwas ganz Besonderes. Schaf- und Ziegenkäse fallen nicht nur durch ihren besonders delikaten Geschmack auf, auch ihre Formen sind bisweilen ungewöhnlich. Vor allem Ziegenkäse aus Frankreich gibt es in kaum überschaubarer Vielfalt. Die Herstellung erfolgt in traditionell kleinen Produktionsstätten.

Ebenso wie bei den Käsesorten aus Kuhmilch wird der Ziegenkäse aus Rohmilch oder pasteurisierter Milch hergestellt. Auch die weitere Verarbeitung bis zum Bruch ist dieselbe. Der Bruch kommt in kleine Formen und presst sich durch sein Eigengewicht. Dann wird er in Salz oder schwarzer Holzasche und Salz gewälzt. Oder er wird in Trester getaucht und in Blätter gewickelt. Bei einigen dieser Käsesorten wird die Gallerte fein gerührt und als pastenartige Masse verzehrt. Andere Käse reifen, durch Schimmelkulturen unterstützt, und werden dann noch würziger.

Schafskäse kommt meist als Lake-Käse frisch auf den Markt oder in Laiben in verschiedenen Reifestadien. Beliebt ist auch gut gelagerter Schafskäse wie der Pecorino siciliana.

Zu den Schaf- und Ziegenkäsen gehören:

- *Broccio:* Dieser korsische Frischkäse wird im Winter aus Schafmilch und im Sommer aus Ziegenmilch hergestellt. Die leicht säuerlich schmeckende Spezialität wird in Blöcken in Salzlake aufbewahrt, um weiteres Reifen zu verhindern und ihn haltbar zu machen. Man nennt ihn deshalb auch Lake-Käse. In Griechenland nennt man ihn Feta und in der Türkei Beyaz peynir. Sein Fettgehalt liegt bei mindestens 45 % i. Tr. Wenn man den Käse weniger salzig mag, kann man ihm durch Wässern etwas Salz entziehen. In Würfeln zum Bauernsalat schmeckt er besonders gut.
- *Chèvre,* auch Bûcheron, ist einer der wenigen Ziegenkäse, dessen sich die Käseproduktion angenommen hat. Man kann ihn deshalb inzwischen überall in Europa finden. Jung hat der Chèvre einen lieblich-fruchtigen Geschmack, nach etwa zehn Tagen nimmt er einen würzigeren Geschmack an. Er eignet sich hervorragend zum Grillen.
- *Manchego* ist die spanische Variante des Schafkäses und stammt aus der Mancha, der Hochebene im Inneren Spaniens. Man kennt ihn „fresco", dann ist er nur wenige Wochen alt, oder „añejo", das heißt, dass er

23

mindestens ein Jahr alt ist. Der Añejo ist besonders pikant. Sein Fettgehalt beträgt 50–55 % i. Tr.

- **Pecorino** ist, wenn er mindestens sechs Monate Reifezeit hinter sich hat, ein Hartkäse aus Schafmilch, der ähnlich wie der Parmesan verwendet wird, verständlicherweise aber ein anderes Aroma hat. Dieses wiederum hängt von der Region ab, in der er entstand, immer aber ist es fruchtig und mit einem Hauch von frischen Kräutern umgeben: Es gibt den Pecorino Romano, den Pecorino Sardo und den Pecorino Toscano. Sein Fettgehalt beträgt 50–55 % i. Tr.
- **Sainte-Maure** ist ein zarter Ziegenkäse aus verschiedenen Regionen Frankreichs. Man formt ihn als Rolle um einen Halm, der ihm Halt gibt. Sein Aroma ist angenehm säuerlich. Mal hat er eine weiße Schimmelschicht, mal einen grauen Ascheüberzug.

Zur Gruppe der Schaf- und Ziegenkäse gehören außerdem:

- *aus Frankreich:* Bougon, Bûchette d'Anjou, Cabécou de Rocamadour, Chabichou du Poitou, Chevrotin des Aravis, Crottin de Chavignol, Dauphin, Etorki, Figue, Fleur de Maquis, Fromage corse, Pérail, Picodon, Poivre d'Âne, Pouligny-Saint-Pierre, Sancerre, Selles-sur-Cher, Valencay
- *aus Italien:* Rabiola di Roccaverano

Anmerkung der Autorin zu den folgenden Rezepten:
Manchmal passiert es, dass man ein ein Rezept ausprobieren möchte und dazu eine bestimmte Zutat benötigt, die gerade nicht im Haus ist. Deshalb muss man nicht gleich in den Supermarkt laufen – viele Dinge sind austauschbar. Essig- und Ölsorten beispielsweise sind nach Geschmack zu variieren. Statt frischer Kräuter kann man immer getrocknete nehmen. Aber Vorsicht: Getrocknete Kräuter würzen intensiver!

Für den Käse gilt, dass Sie bei den Rezepten im Rahmen der in unserem Vorwort beschriebenen Sorten austauschen können. Wenn Sie beispielsweise anstatt Gouda einen Edamer im Haus haben, können Sie ohne weiteres Ihr Gericht auch mit Edamer gratinieren. Wenn Sie es dann beim nächsten Mal mit einem Gouda probieren, stellen Sie vielleicht eine geschmackliche Nuance fest – aber sicher wird Ihnen und Ihrer Familie beides gut schmecken! Also: Nur Mut beim Ausprobieren Ihrer persönlichen Varianten!

Hinweis:
Soweit nicht anders angegeben, gelten die Mengenangaben für jeweils vier Personen.

Frühstück & Brunch

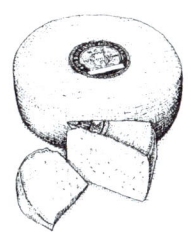

Quarkbrot

500 g Weizenmehl
100 g Roggenmehl
$^1/_4$ l Milch
1 EL Honig
2 TL Salz
100 g Magerquark
50 g Sauerteig
1 Würfel Hefe (42 g)
etwas Mehl für die Arbeitsfläche
etwas Milch zum Einpinseln

Weizen- und Roggenmehl in eine große Schüssel sieben. Milch mit dem Honig leicht erwärmen. In das Mehl eine Mulde drücken, Salz, Quark, Sauerteig und die Hefe hinein bröckeln, Honigmilch dazugießen. Alles rasch zu einem Teig verarbeiten. Zugedeckt an einem warmen Ort ca. 30 Minuten gehen lassen, bis sich das Volumen verdoppelt hat.

Brotteig auf eine bemehlte Arbeitsfläche geben und mindestens 5 Minuten kräftig durchkneten, bis der Teig Blasen schlägt. Weitere 30 Minuten gehen lassen.

Backofen auf 250 °C vorheizen. Backblech mit Backpapier belegen. Brotteig noch einmal kräftig durchkneten, dann zu einem Laib formen. Mit einem Tuch abdecken und wieder 15 Minuten gehen lassen. Brotlaib mit Milch einpinseln und auf der 2. Schiene von unten 15 Minuten backen, dann die Temperatur auf 175 °C herunterschalten und das Brot weitere 40 Minuten backen, bis es eine schöne Kruste hat. Auf einem Kuchengitter abkühlen lassen.

Käsebrötchenrad

*(für eine Springform von
26 cm Durchmesser)*

Für den Hefeteig:
225 ml Milch
50 g Butter
1 Würfel Hefe (42 g)
500 g Mehl
1 Ei
1 Prise Salz

Für die Form:
Butter zum Einfetten
3 EL Sesamsamen
3 EL Mohnsamen

Für die Füllung:
150 g Gouda
150 g Pecorino
100 g Crème fraîche
schwarzer Pfeffer aus der Mühle

Für den Teig Milch und Butter in einem kleinen Topf erwärmen, bis das Fett geschmolzen ist. Diese Mischung auf Raumtemperatur abkühlen lassen, Hefe darin auflösen. Mehl in eine große Schüssel sieben, in die Mitte eine Mulde drücken, Ei, Salz und die Milch-Mischung dazugeben. Alles rasch zu einem elastischen Teig verkneten. Zugedeckt an einem warmen Ort ca. 30 Minuten gehen lassen, bis sich das Volumen verdoppelt hat.

Teig auf eine bemehlte Arbeitsfläche geben und mindestens 5 Minuten kräftig durchkneten, bis der Teig Blasen schlägt. Weitere 30 Minuten gehen lassen.

Springform einfetten, mit Sesam und Mohn ausstreuen. Backofen auf 175 °C vorheizen. Gouda und Pecorino fein zerkleinern, mit Crème fraiche und etwas Pfeffer verrühren.

Hefeteig zu einem Rechteck von etwa 65 x 40 cm ausrollen. Dieses Rechteck längs in 8 Streifen schneiden und einmal der Länge nach halbieren. Jedes Stück auf 8 x 20 cm ausrollen, mit der Füllung bestreichen und zu einer Schnecke einrollen.

Schnecken nebeneinander in die Form setzen, leicht nach unten drücken, sodass sie nebeneinander sitzen. In Ofenmitte 60 Minuten backen, bis die Oberfläche goldgelb ist.

Haselnuss-Quark-Brötchen

(für 16 kleine Brötchen)

200 g Magerquark
100 ml Milch
1 Ei
125 ml Walnussöl
1 TL Salz
¼ TL schwarzer Pfeffer
aus der Mühle
400 g Mehl
etwas Mehl zum Bearbeiten
1 Pck. Backpulver
50 g Haselnusskerne
1 Eigelb

Quark mit Milch, Ei, Öl, Salz und Pfeffer zu einer Creme rühren. Mehl und Backpulver in eine Schüssel sieben, nach und nach unter die Creme kneten.

Backofen auf 175 °C vorheizen. Backblech mit Backpapier belegen. Haselnüsse grob hacken. Teig auf einer bemehlten Arbeitsfläche zu einem Quadrat von ca. 40 x 40 cm ausrollen, dieses in 8 Streifen schneiden, halbieren, Haselnüsse daraufstreuen und etwas festdrücken.

Jeden Streifen locker der Länge nach im Zick-Zack zusammenlegen, sodass die Nüsse innen liegen. Jeweils 8 Brötchen mit den Schnittflächen nach unten auf das Backblech legen, jedes Brötchen mit einem schmalen Streifen Alufolie umwickeln, damit es nicht auseinander fallen kann.

Eigelb mit 2 TL Wasser verrühren und die Oberflächen der Brötchen damit bestreichen. In Ofenmitte ca. 25 Minuten backen.

Wer die Brötchen lieber süß mag, gibt statt Salz und Pfeffer 3 EL Honig an den Teig.

Laugenstangen mit Emmentaler

500 g Mehl
Mehl zum Bearbeiten
1 gehäufter TL Salz
1 TL Zucker
1 Würfel Hefe (42 g)
40 g Natron
150 g Emmentaler

Mehl in eine große Schüssel sieben, Salz und Zucker darüber streuen. Hefe zerbröckeln und über das Mehl geben. 300 ml lauwarmes Wasser dazugießen, mit den Knethaken des Handmixers kräftig durcharbeiten. Teig zugedeckt an einem warmen Ort gehen lassen, bis sich sein Volumen verdoppelt hat.

Teig auf einer bemehlten Arbeitsfläche 10 Minuten kräftig durchkneten und schlagen, bis er Blasen wirft, dann weitere 20 Minuten gehen lassen.

Natron in $1^1/_2$ l Wasser auflösen und in einem unbeschädigten emaillierten Topf 10 Minuten sprudelnd kochen. Hitze reduzieren, sodass die Temperatur der Lauge kurz unter den Siedepunkt sinkt. Backofen auf 200 °C vorheizen. Blech mit Backpapier belegen.

Teig wieder durchkneten, zu einer Rolle formen und in 9 Stücke schneiden. Jedes Stück oval auf eine Länge von 15 cm ausrollen. Ovale zu länglichen Stangen aufrollen, die Naht gut andrücken. Jede Teigstange einzeln für 50 Sekunden in die Lauge halten, danach mit der Naht nach unten auf das Blech setzen. Jedes Gebäckstück der Länge nach bis kurz vor die Enden mit einem scharfen Messer so weit einschneiden, dass sich die vorgegarte äußere Schicht etwas auseinander ziehen lässt.

Käse grob reiben und auf den Öffnungen der Laugenstangen verteilen. In Ofenmitte 25 Minuten backen, bis die Stangen eine schöne bräunliche Färbung angenommen haben. Warm servieren.

Fladenbrot mit viererlei Käse

Für den Teig:
400 g Mehl
1 TL Salz
50 g frisch geriebener Parmesan
5 EL Olivenöl
1 Würfel Hefe (42 g)
Butter für die Form

Zum Belegen:
125 g Mozzarella
50 g Roquefort
100 g Manchego
(spanischer Schafskäse)
100 g frisch geriebener Parmesan

Für den Teig das Mehl in eine große Schüssel sieben, Salz, Parmesan, 3 EL Olivenöl und die zerbröckelte Hefe über das Mehl geben. 300 ml lauwarmes Wasser zugießen und schnell zu einem glatten Teig kneten.

Zugedeckt an einem warmen Ort gehen lassen, bis sich das Volumen verdoppelt hat, dann auf einer bemehlten Arbeitsfläche mindestens 5 Minuten kräftig kneten, bis der Teig Blasen wirft. Weitere 20 Minuten gehen lassen.

Backofen auf 200 °C vorheizen. Backblech mit Backpapier auslegen oder einfetten. Für den Belag Mozzarella in Stücke schneiden, Roquefort fein zerbröckeln und den Manchego grob reiben.

Hefeteig noch einmal kräftig durch-kneten, zu einem Fladen formen und auf das Blech setzen. Käse darüber streuen und leicht in den Teig drücken. Zugedeckt noch einmal 10 Minuten gehen lassen. In der Mitte des Ofens in ca. 60 Minuten goldbraun backen. Warm servieren.

Quark-Hörnchen wie bei Oma

500 g Mehl
40 g frische Hefe
80 g Zucker
1 Prise Salz
250 g Magerquark
1 TL abgeriebene
Zitronenschale
200 g Crème fraîche
6 Eigelb
7 EL Milch
Fett für das Backblech
100 g Butter
2 Pck. Vanillezucker
2 TL Zucker

Mehl in eine Schüssel geben, in die Mitte eine Mulde drücken, Hefe hineinbröseln. Zucker, 1 Prise Salz, abgetropften Quark, Zitronen-schale, Crème fraîche und 4 Eigelb auf dem Mehlrand verteilen. 5 EL Milch leicht erwär-men und über die Hefe gießen, Hefe darin auflösen. Alle Zutaten von der Mitte her zu einem glatten Teig verkneten. Teig leicht mit Mehl bestäuben, zudecken und an einem warmen Ort eine Stunde gehen lassen. Dann auf einer bemehlten Arbeitsfläche kräftig durchkneten, zu einer Kugel formen und noch einmal 20 Minuten gehen lassen.

Backofen auf 200 °C vorheizen. Auf der bemehlten Arbeitsfläche den Teig zu einem Rechteck von 50 x 30 cm ausrollen, der Länge nach halbieren und jeden Teigstreifen in 9 Dreiecke schneiden. Jedes Dreieck an der Breitseite mehrmals 3 cm tief einschnei-den. An der eingeschnittenen Seite etwas auseinander ziehen und zur Spitze hin zu einem Hörnchen aufrollen. Die Hörnchen auf ein gefettetes Backblech setzen und mit einer Mischung aus 2 Eigelb und 2 EL Milch bestreichen. Noch einmal zudecken und 15 Minuten ruhen lassen.

Im Backofen auf der 2. Einschubleiste von unten ca. 18 Minuten backen. Zum Bestreichen die Butter schmelzen und Vanil-lezucker und Zucker mischen. Die Hörnchen erst mit Butter bestreichen, dann mit der Zuckermischung bestreuen und lauwarm servieren.

Frühstückshörnchen mit Ricotta

500 g Mehl

1 Würfel Hefe (42 g)

80 g Zucker

1 Prise Salz

250 g Ricotta

1 TL abgeriebene Schale einer
unbehandelten Zitrone

150 ml Sahne

6 Eigelb

7 EL Milch

100 g Butter

2 Pck. Vanillezucker

2 TL Zucker

Mehl in eine Schüssel sieben, in die Mitte eine Mulde drücken. Hefe zerbröckeln und in die Mulde geben, Zucker, Salz, Ricotta, Zitronenschale, Sahne und 4 Eigelb auf dem Mehlrand verteilen. 5 EL Milch etwas erwärmen und über die Hefe gießen, Hefe vorsichtig darin auflösen. Alle Zutaten von der Mitte aus zu einem glatten Teig verkneten, leicht mit Mehl bestäuben, zugedeckt an einem warmen Ort etwa eine Stunde gehen lassen. Danach auf einer bemehlten Arbeitsfläche kräftig durchkneten und noch einmal 20 Minuten gehen lassen.

Auf der bemehlten Arbeitsfläche den Teig zu einem Rechteck von 50 x 30 cm ausrollen, der Länge nach halbieren. Jeden Teigstreifen in 9 Dreiecke schneiden, jedes Dreieck an der breiten Seite mehrmals 3 cm lang einschneiden. An der eingeschnittenen Seite etwas auseinander ziehen und zur Spitze hin zu einem Hörnchen aufrollen, Hörnchen auf ein gefettetes Backblech setzen und mit einer Mischung aus 2 Eigelb und 2 EL Milch bestreichen. Zugedeckt wieder 15 Minuten gehen lassen. Backofen auf 200 °C vorheizen.

Im Backofen auf der 2. Einschubleiste von unten 15–20 Minuten backen. Butter schmelzen, Vanillezucker und Zucker mischen. Hörnchen aus dem Backofen nehmen, erst mit Butter bestreichen, dann mit der Zuckermischung bestreuen.

Möglichst lauwarm servieren.

Knusprige Käsestangen

170 g Sonnenblumenkerne

1 Würfel Hefe

2 TL Salz

300 ml lauwarmes Wasser

350 g Weizen(vollkorn)mehl

2 TL gemahlener Kümmel

1 EL gemahlener Koriander

6 EL Sonnenblumenöl

150 g Roggen(vollkorn)mehl

1 Ei

100 g Emmentaler

100 g alter Gouda

1 Eigelb

1 EL Öl

etwas Kümmel zum Bestreuen

Sonnenblumenkerne (20 g davon beiseite stellen) in einer Pfanne ohne Fett goldbraun rösten. Hefe und Salz im Wasser auflösen. Weizenmehl mit den Gewürzen mischen und zur Hefe geben, ca. 10 Minuten gut durchkneten. 5 EL Öl und das Roggenmehl unterrühren. So lange kneten, bis sich der Teig als Kloß von der Rührschüssel löst. Geröstete Sonnenblumenkerne unterkneten.

Backofen auf 200 Grad vorheizen. Beide Käsesorten fein reiben. Ei und den Käse in den Teig kneten. 40 Minuten gehen lassen. Teig wieder durchkneten, 2 Rollen formen und in 30 Stücke schneiden. Jedes Stück zu einer Kugel rollen, dann zu dünnen, ca. 15 cm langen Stangen formen. Eigelb und Öl verquirlen und die Stangen damit bestreichen. Mit den beiseite gestellten Sonnenblumenkernen und mit Kümmel bestreuen, fest andrücken. Stangen auf ein mit Backpapier ausgelegtes Backblech setzen, im Backofen 25 Minuten backen.

Käse-Windräder

(für 8 Windräder)

Für die Füllung:

125 g Hüttenkäse

2 TL Zucker

abgeriebene Schale einer

unbehandelten Zitrone

Für den Teig:

225 g Mehl

90 g Vollkornmehl

3 EL Zucker

2 TL Backpulver

1/2 TL Natron

1 Prise Salz

Für die Füllung den Hüttenkäse glatt pürieren, mit Zucker und Zitronenschale mixen und beiseite stellen.

Backofen auf 200 °C vorheizen. Ein Backblech dünn einölen. Für den Teig beide Mehlsorten, Zucker, Backpulver, Natron, Salz und Zimt in einer großen Schüssel vermischen. In einer kleinen Schüssel Jogurt und Öl verquirlen und diese Mischung unter die Zutaten rühren, auf einer bemehlten Arbeitsfläche kräftig durchkneten, bis ein glatter Teig entsteht.

Teig halbieren. Eine Hälfte zu einem 20 cm großen Quadrat ausrollen und dieses mit einem Messer in 4 kleinere Quadrate

¼ TL Zimt
125 g fettarmer Jogurt
2 EL Öl
30 g Puderzucker
2 TL Milch

von jeweils 10 cm Größe teilen. Teig von den Spitzen her zur Mitte hin einschneiden, dabei ein Quadrat in der Mitte auslassen, damit der Teig nicht auseinander bricht. Auf das ausgesparte Stück einen gehäuften Esslöffel voll Käsefüllung geben und je eine halbe Ecke zur Mitte hin einklappen, damit ein Windrad entsteht.

Windräder auf das Backblech setzen und in 10–12 Minuten goldbraun backen. Puderzucker und Milch verquirlen. Zuckerglasur auf die heißen Windräder streichen und sofort servieren.

Ricotta-Muffins mit Mohn

300 g Mehl
100 g Zucker
1 TL Natron
¼ TL Salz
4 EL Mohn
250 g Ricotta
2 EL Öl
abgeriebene Schale einer
unbehandelten Zitrone
1 EL Zitronensaft
180 ml fettarme Milch
2 Eiweiß

Backofen auf 200 °C vorheizen. Eine Muffin-Form oder Brioche-Förmchen dünn mit Öl ausstreichen. Mehl, Zucker, Natron und Salz in eine Schüssel sieben und den Mohn hineinrühren. In einer zweiten. Schüssel Ricotta, Öl, Zitronenschale und -saft mischen, dann die Milch unterschlagen. Käsemasse in die Mehlmischung geben und alles schnell vermengen.

Eiweiß steif schlagen, eine Hälfte davon unter den Teig rühren, den Rest vorsichtig unterheben. Den Teig in die vorbereitete Form geben, dabei jede Mulde nur zu zwei Dritteln füllen. Die Muffins ca. 15 Minuten backen, bis sie leicht gebräunt sind. Sofort servieren.

Edelpilzkäse-Schnitten

(12 Stück)

300 g Bavaria blu
8 Scheiben Pumpernickel
50 g Butter
Kresse zum Verzieren

Käse in Scheiben schneiden. Die Hälfte der Brotscheiben dünn mit Butter bestreichen, mit Käse belegen und die übrigen Brotscheiben darauf legen, etwas fest drücken. Aus den Käseschnitten die verschiedensten Figuren ausstechen. Nach Belieben mit Kresse garnieren.

Gemüse-Eierkuchen mit Mozzarella

1 Ei

2 Eiweiß

1/4 TL Salz

schwarzer Pfeffer aus der Mühle

4 EL Ricotta

1 1/2 EL Olivenöl

90 g Champignons

2 Knoblauchzehen

3 Frühlingszwiebeln

250 g Zucchini

1 rote Paprikaschote

1/2 TL getr. Thymian

2 TL Zitronensaft

2 EL frisch geriebener
Parmesan

60 g Mozzarella

In einer Schüssel Ei, Eiweiß, die Hälfte vom Salz, etwas Pfeffer, Ricotta und 1/2 EL Öl verquirlen und die Mischung beiseite stellen.

Grill vorheizen. Champignons putzen, waschen und in feine Scheiben schneiden. Knoblauch pellen und fein hacken. Frühlingszwiebeln putzen und in 1 cm große Stücke schneiden. Paprikaschote halbieren, putzen, waschen und in dünne Streifen schneiden.

Das restliche Öl in einer großen, feuerfesten Pfanne bei hoher Temperatur erhitzen.

Champignons, Knoblauch, Thymian, die weißen Teile der Frühlingszwiebeln und etwas Pfeffer hinein geben, 3 Minuten garen. Wenn die Pilze leicht gebräunt sind, klein geschnittene Zucchini, Paprikaschote, das restliche Salz und den Zitronensaft dazugeben. Alles unter häufigem Umrühren noch einmal ca. 5 Minuten garen, bis das Gemüse weich und die Flüssigkeit verdampft ist.

Die Pfanne von der Kochstelle nehmen, die grünen Teile der Frühlingszwiebeln und Parmesan hineinrühren. Gemüse gleichmäßig in der Pfanne verteilen und die Eimasse darüber gießen. Eierkuchen bei mittlerer Temperatur 1 Minute backen, dann den Mozzarella in Streifen darauf legen. Pfanne unter den Grill schieben und 3 Minuten grillen, bis der Käse braun zu werden beginnt. Zum Servieren in Viertel schneiden und auf vorgewärmte Teller setzen.

Spiegeleier mit Käse und Kresse

3 Scheiben Vollkorntoast
40 g Butter
4 Eier
Salz
60 g mittelalter Gouda
1 Beet Kresse

Backofen auf 200 °C vorheizen. Toastbrot in feine Würfel schneiden und in einer ofenfesten Pfanne in 30 g Butter knusprig braten, auf einen Teller geben. Pfanne mit Küchenkrepp ausreiben und mit der restlichen Butter einfetten. Pfanne erhitzen, aber nicht zu heiß werden lassen. Eier darin bei milder Hitze anbraten, leicht salzen.

Käse grob reiben und über die Eier geben, Toastbrotwürfel darauf geben. Pfanne in die Mitte des Backofens setzen und 5 Minuten überbacken. Kresse abschneiden und zum Servieren auf die Eier geben.

Erdbeer-Mascarpone-Toast

150 g Erdbeeren
4 Scheiben Toastbrot
6 EL Puderzucker
50 g Butter
200 g Mascarpone

Erdbeeren waschen, putzen und in gleich große Stücke schneiden. Toastbrot im Toaster goldbraun toasten. Für den Karamell den Puderzucker in einen Topf geben und hellbraun werden lassen, dann sofort mit der Butter verrühren.

Die Hälfte davon unter den Mascarpone ziehen, Mascarponecreme auf die Toastbrotscheiben streichen. Erdbeeren sternförmig darauf anrichten. Den restlichen Karamell noch einmal kurz erwärmen und in Streifen über die Erdbeeren ziehen.

Handkäs' mit Musik

5 kleine reife Korbkäse
1 große Zwiebel
2 EL Apfelessig
3 EL Öl
Kümmel
schwarzer Pfeffer aus der Mühle

Käse in dicke Scheiben schneiden. Zwiebel schälen und in hauchdünne Ringe schneiden. Aus Essig, Öl, Kümmel und Pfeffer eine Marinade rühren.

Zwiebelringe auf die Käsescheiben geben und mit der Marinade beträufeln.

Harzer auf Toast

(12 Stück)

4 Eier
200 g Harzer
1 Bund Radieschen
1 Bund Schnittlauch
1 EL Kapern
2 EL Öl
2 TL Zitronensaft · Salz
schwarzer Pfeffer aus der Mühle
6 Scheiben Toast

Eier 10 Minuten kochen und kalt abschrecken, schälen und in Scheiben schneiden. Harzer in Würfel schneiden. Radieschen waschen und in Stifte schneiden. Harzer, Radieschen und Kapern mischen. Mit Öl, Zitronensaft, Salz und Pfeffer abschmecken. Von den Toastscheiben die Rinde abschneiden, diagonal halbieren, mit Eischeiben belegen, Käsemischung darauf verteilen. Schnittlauch in Röllchen schneiden und darüber streuen.

Camembert-Toast mit Birne

4 Scheiben Roggentoast
30 g Butter
1 Williamsbirne
150 g Camembert
einige Salatblätter
4 TL Preiselbeerkonfitüre
50 g Walnusskerne

Brot toasten und mit der Butter bestreichen. Birne waschen, trocknen, vierteln und das Kerngehäuse entfernen. Birnenviertel in Spalten schneiden und auf die Toastscheiben legen. Backofen auf 200 °C vorheizen.

Camembert in Scheiben schneiden, auf die Birnenspalten legen und auf der 2. Einschubleiste von oben 7 Minuten überbacken. Salatblätter waschen und trocken schleudern, auf 4 Tellern verteilen, Toast zum Servieren darauf setzen. Mit Preiselbeerkonfitüre und Walnüssen garnieren.

Bananen-Hüttenkäse

(pro Person)

1 große Banane
50 g Hüttenkäse
4 EL frisch gepresster
Orangensaft
1 TL Honig

Banane schälen, in Scheiben schneiden und in einen tiefen Teller geben, dabei einige Scheiben zum Garnieren beiseite legen. Den Rest mit einer Gabel zerdrücken. Hüttenkäse, Orangensaft und Honig mit der Banane mischen, alles gut verrühren. Mit Bananenscheiben garniert servieren.

Hüttenkäse pikant mit Kümmel und Zwiebeln

(für 6 Personen)

1 TL Kümmel
1 EL Haselnussöl
1 Knoblauchzehe
50 g rote Zwiebeln
1/2 Bund Schnittlauch
125 g Magerquark
125 g Hüttenkäse
100 g Sauerrahm
Salz · weißer Pfeffer aus der Mühle

Den Kümmel in einer trockenen Pfanne 5 Minuten rösten, dann das Nussöl dazugeben. Knoblauch pellen und durch die Presse drücken. Zwiebeln pellen und fein würfeln. Schnittlauch in feine Röllchen schneiden.

Quark, Hüttenkäse, Rahm, Knoblauch, Kümmel und die Hälfte der Zwiebelwürfel verrühren und mit Salz und Pfeffer würzen.

Käse in einer Schüssel anrichten und kurz vor dem Servieren mit den restlichen Zwiebelwürfeln und dem Schnittlauch bestreuen.

Frischkäse mit Äpfeln und grünem Pfeffer

(für 6 Personen)

400 g Doppelrahm-Frischkäse
1/8 l Sahne
1 gestr. TL Salz
3 rote Zwiebeln
1 roter Apfel
2 TL grüner Pfeffer (eingelegt)
2 Hand voll Kerbel

Frischkäse mit Sahne und Salz in eine Schüssel geben und vermengen. Zwiebeln pellen, eine davon sehr fein würfeln, die andere in dünne Ringe schneiden. Apfel waschen und mit der Schale sehr klein würfeln.

Pfefferkörner abtropfen lassen, drei Viertel davon mit einem Messer zerdrücken und hacken. Kerbelblättchen, bis auf einige zum Garnieren, fein hacken. Gehackte Pfefferkörner und Kerbel, drei Viertel der Apfelwürfel und die Zwiebelwürfel unter den Käse mischen. Mit den restlichen Zutaten bestreuen. Mit Vollkornbrot servieren.

Obatzta

(für 10 Personen)

75 g Butter
500 g reifer Camembert
Paprikapulver, edelsüß
1 kleine Zwiebel
etwas Kümmel

Butter schaumig rühren, Camembert mit einer Gabel zerdrücken. Zwiebel pellen und so fein wie möglich würfeln. Butter und Camembert mischen, mit reichlich Paprikapulver, Zwiebelwürfeln und Kümmel würzen. Kühl stellen.

Etwa eine Stunde vor dem Servieren aus dem Kühlschrank nehmen und mit Laugenbrezeln anrichten.

Vorspeisen und kleine Gerichte

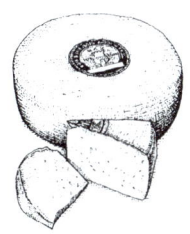

Camembert in der Nusskruste

Aprikosen in einem Sieb abtropfen lassen, dann pürieren. Butter in einem Topf erhitzen, Aprikosenpüree mit dem Wein dazugeben und erhitzen. Mit Salz, Cayennepfeffer und Piment pikant abschmecken.

Zum Panieren Haselnüsse und Semmelbrösel auf einem Teller mischen. Eiweiß auf einem zweiten Teller verquirlen. Öl zum Ausbacken in einer Pfanne erhitzen.

Camembert in der Mitte halbieren. Jede Hälfte erst im Eiweiß, dann in der Nussmischung wenden. Im heißen Öl von allen Seiten backen, auf Küchenpapier entfetten. Käse mit der Sauce anrichten.

Allgäuer Kartoffelklöße

Für die Klöße:
1 kg mehlig kochende
Kartoffeln
2 Eier
120 g Mehl
200 g geriebener Emmentaler
Salz
Pfeffer aus der Mühle
etwas Muskat

Für die Sauce:
120 g Zwiebeln
1 Bund Frühlingszwiebeln
2 Strauchtomaten
1 EL Butter
4 EL Weißwein
¼ l heiße Gemüsebrühe
200 ml Sahne
200 g Schmelzkäse
100 g geriebener Butterkäse
Salz
Pfeffer aus der Mühle
100 g durchwachsener
Speck in Scheiben

Kartoffeln schälen, reiben oder durch eine Presse drücken, mit Eiern, Mehl und Emmentaler zu einem glatten Teig verkneten. Mit Salz, Pfeffer und Muskat abschmecken. In einem großen Topf Salzwasser zum Kochen bringen. Mit feuchten Händen einen Kloß formen, diesen probehalber in das kochende Salzwasser geben. Sollte der Kloß auseinander fallen, muss man dem Teig noch etwas Mehl hinzufügen. Die restlichen Klöße formen und in das siedende Salzwasser geben. Vom Herd nehmen und im geschlossenen Topf 20 Minuten ziehen lassen. Herausnehmen und warm halten.

Zwiebeln schälen und fein würfeln. Frühlingszwiebeln putzen und in feine Ringe schneiden. Tomaten waschen, vierteln, entkernen und fein würfeln. Butter in einer Pfanne erhitzen, Zwiebelwürfel darin glasig dünsten. Mit Weißwein ablöschen und mit Brühe und Sahne auffüllen. 10 Minuten offen köcheln lassen, dann den Schmelzkäse in Flöckchen und den geriebenen Butterkäse zugeben und unter Rühren schmelzen. Einmal aufkochen lassen und pürieren.

Sauce durch ein Sieb streichen, Frühlingszwiebeln und Tomaten zugeben, einmal aufkochen. Mit Salz und Pfeffer abschmecken. Speck würfeln und in einer Pfanne ohne Fett knusprig braten. Klöße auf Tellern anrichten, mit der Sauce begießen und mit Speckwürfeln bestreut servieren.

Mehl, Hefe und Salz in einer Schüssel mischen, eine Mulde in die Mitte drücken, Olivenöl und etwas Wasser hineingeben.

Mini-Pizzas

Für den Pizzateig:
500 g Mehl
2 TL Trockenhefe
1 TL Salz
2 EL Olivenöl
ca. $\frac{1}{4}$ l lauwarmes Wasser
100 g frisch geriebener
mittelalter Gouda

Für den Belag:
300 g Kirschtomaten
1 große Zwiebel
1 Zucchini
1 rote Paprikaschote
1 gelbe Paprikaschote
100 g Champignons
4 Frühlingszwiebeln
3 Knoblauchzehen
50 g Salami
50 g Blutwurst in Scheiben
150 g Edelpilzkäse
150 g Emmentaler
150 g Camembert
Salz
Pfeffer aus der Mühle
Majoran
Thymian
Basilikum
Schnittlauch
etwas Olivenöl zum Beträufeln

Mehl, Hefe und Salz in einer Schüssel mischen, eine Mulde in die Mitte drücken, Olivenöl und etwas Wasser hineingeben. Unter ständigem Kneten so viel warmes Wasser dazugeben, bis sich der Teig als Kloß von der Schüssel löst. Auf einer bemehlten Fläche den Teig so lange kneten, bis er geschmeidig ist. Zugedeckt in einem warmen Raum ca. eine Stunde gehen lassen, bis er sein Volumen verdoppelt hat. Mit dem Gouda verkneten.

Aus dem Teig 10 gleich große Kugeln formen und rund ausrollen, mit dem Daumen einen Rand formen und mit einer Gabel mehrfach in den Pizzaboden einstechen.

Backofen auf 180 °C vorheizen. Gemüse putzen und waschen. Tomaten waschen und in Scheiben schneiden. Zucchini und Pilze waschen und in Scheiben schneiden. Paprikaschoten waschen, putzen und würfeln. Zwiebel schälen und in Ringe schneiden. Knoblauch pellen und hacken. Emmentaler grob reiben. Edelpilzkäse mit einer Gabel zerdrücken. Camembert in Scheiben schneiden. Die Mini-Pizzas nach Belieben mit den Zutaten belegen oder wie folgt:
● Tomaten, gelbe Paprikaschote, Pfeffer, Salz, Thymian, Knoblauch und Emmentaler.
● Tomaten, Salami, Zwiebeln, Pfeffer, Majoran, Edelpilzkäse.
● Pilze, rote Paprikaschote, Knoblauch, Salz, Pfeffer, Camembert.
● Zucchini, Tomaten, rote Paprikaschote, Zwiebel, Thymian, Salz, Pfeffer, Emmentaler.
● Blutwurst, Frühlingszwiebel, Majoran, Pfeffer, Salz, Edelpilzkäse.

Mini-Pizzas für ca. 12 Minuten in den Backofen schieben, mit frischen Kräutern bestreut servieren.

Gemüse-Vorspeise mit Ricotta-Dip

300 g junge Möhren mit Grün
300 g kleine Rote-Bete-Knollen
1 mittelgroßer Kohlrabi
300 g Brokkoli-Röschen
ohne Strunk
200 g cremiger Ricotta
50 g schnittfester Ricotta
1 Becher Joghurt
100 ml Milch
1 EL Sherry-Essig
Salz
schwarzer Pfeffer aus der Mühle
1 frischer Zweig Oregano
10 Basilikum-Blättchen

Möhren waschen, das Grün oberhalb des Blattansatzes abschneiden, sodass noch ein wenig dranbleibt. Möhren schälen, längs halbieren. Rote Bete waschen. Kohlrabi schälen, kleine Blättchen beiseite legen, Knolle vierteln und in Spalten schneiden. Brokkoli waschen und in Röschen teilen.

Rote Bete 20 Minuten vorgaren, möglichst im Dampfeinsatz des Kochtopfes. Dann, durch einen Alustreifen getrennt, das übrige Gemüse dazugeben und 15 Minuten bei guter Mittelhitze garen. Das Gemüse soll noch Biss haben.

Cremigen Ricotta in einer Schüssel etwas verrühren. Schnittfesten Ricotta mit einer Gabel fein zerkleinern und in die Schüssel geben. Beides mit Joghurt, Milch und Essig zu einer geschmeidigen Creme schlagen, mit Salz und Pfeffer kräftig abschmecken. Kräuter, falls nötig, abspülen und trocken tupfen. Oreganoblättchen abzupfen und hacken, Basilikum in feine Streifen schneiden.

Rote Bete abschrecken und dünn abschälen, Wurzelenden und Blattansätze abschneiden. Knollen in Scheiben schneiden. Gemüse dekorativ auf vorgewärmten Tellern anrichten. Ricotta-Dip mit den Kräutern bestreuen und separat dazu reichen.

Frischkäse-Trüffel mit Pistazien

(für 6 Personen)

2 Pck. Doppelrahm-Frischkäse
(à 200 g) · 5 EL Milch
weißer Pfeffer aus der Mühle
1 unbehandelte Orange
100 g Pistazien
1 kleiner Radicchio · 1 Sternfrucht

Frischkäse in eine Schüssel geben, Milch und Pfeffer dazugeben. Orange gründlich waschen, abtrocknen, etwas von der Schale hauchdünn abreiben und zum Käse geben. Gut vermischen.

Pistazien in einer Pfanne ohne Fett leicht anrösten, fein hacken und in einen tiefen Teller geben. Radicchioblätter abspülen und

trocken schütteln. Sternfrucht abspülen und in Scheiben schneiden. Restliche Orangenschale in Juliennestreifen schneiden.

Mit leicht angefeuchteten Händen aus dem Käse kleine Kugeln formen und in den Pistazien wenden. Mit Radicchio, Orangenstreifen und Sternfrucht auf einer Platte dekorativ anrichten. Mit Pumpernickeltalern servieren.

Gefüllter Tortenbrie

(für 4–6 Personen)

400 g Tortenbrie mit festem Kern
1 unbehandelte Limette
2 Dillzweige
1 Zweig Zitronenmelisse
½ Bund glatte Petersilie
200 g Doppelrahm-Frischkäse
Salz
weißer Pfeffer aus der Mühle
1 Scheibe Pumpernickel
1 Kästchen Gartenkresse

Tortenbrie mit einem langen, scharfen Messer vorsichtig quer halbieren. Limette gründlich waschen und halbieren. Von der einen Hälfte die Schale dünn abreiben und den Saft auspressen. Kräuter abspülen, trocken schütteln, Blättchen fein hacken. Frischkäse mit Limettenschale und -saft und den Kräutern in einer Schüssel gut mischen, mit Salz und reichlich Pfeffer abschmecken und auf der unteren Tortenbriehälfte verteilen. Pumpernickel etwas zerbröseln und darauf verteilen, etwas andrücken. Die obere Tortenbriehälfte darauf setzen und leicht andrücken. Tortenbrie in Klarsichtfolie einwickeln und mindestens eine Stunde im Kühlschrank ruhen lassen.

Eine Viertelstunde vor dem Servieren den Käse aus dem Kühlschrank nehmen. Restliche Limettenhälfte in feine Scheiben schneiden. Kresse abschneiden und waschen. Käse auf der Kresse anrichten und mit Limettenscheiben garniert servieren.

Roquefort-Birnen

2 reife Birnen
(z.B. Williams Christ)
100 g Roquefort
50 g weiche Butter
50 g Crème fraîche
2 EL Portwein
4 Walnusshälften zum Garnieren
einige schöne Salatblätter

Birnen gründlich waschen, mit Küchenkrepp abtrocknen und halbieren. Mit einem Kugelausstecher das Kerngehäuse herausnehmen. Käse mit einer Gabel zerdrücken, Butter, Crème fraîche und Portwein hinzufügen, zu einer glatten Creme verrühren.

Die Creme in einen Spritzbeutel mit großer Sterntülle füllen und in die Birnenhälften spritzen. Mit den Walnusshälften garnieren. Salatblätter waschen und gut trocken schleudern. Birnenhälften darauf anrichten.

Rohkost mit Käse-Dip

Paprika- und Möhrenstreifen,
Chicorée, Staudensellerie
etc. nach Belieben

Für den Dip:
1/2 Salatgurke
Salz
200 g Doppelrahm-Frischkäse
2 Becher Bulgara-Jogurt
100 g Schafskäse
1 Knoblauchzehe
3 EL Kapern
1 Bund glatte Petersilie
1 frischer Zweig Minze
weißer Pfeffer aus der Mühle
1 Prise Cayennepfeffer
2 EL Olivenöl
bunter Pfeffer zum Garnieren

Gurke schälen und grob raspeln, mit 1/2 TL Salz vermischen und 20 Minuten stehen lassen, in ein Sieb geben und abtropfen lassen, etwas ausdrücken. Frischkäse und Jogurt in eine Schüssel geben, Schafskäse mit einer Gabel zerdrücken und dazugeben. Knoblauch schälen und durch die Presse drücken, mit der Gurke zum Käse geben und alles gut mischen.

Kapern abtropfen lassen und hacken. Kräuter abspülen, trocken schütteln, die Blättchen fein hacken. Kräuter und Kapern unter den Käse heben. Mit Salz, Pfeffer und Cayennepfeffer kräftig abschmecken. Zuletzt das Olivenöl unterrühren. Mit buntem Pfeffer bestreut zum Gemüse servieren.

Überbackener Schafskäse

600 g weißer Schafskäse
2 große Tomaten
2 TL Rosenpaprika
80 g Butter

Backofen auf 225 °C vorheizen. Schafskäse in 4 Portionen aufteilen und in feuerfeste Schüsselchen geben. Tomaten waschen und halbieren, Stielansätze herausschneiden. Tomaten in dünne Scheiben schneiden.

Tomatenscheiben auf dem Käse verteilen, mit Rosenpaprika bestreuen und die Butter in Flöckchen darauf geben. Schüsselchen mit Alufolie bedecken, einige Löcher hineinstechen und im Backofen 20 Minuten backen. Sofort servieren.

Ricotta-Mousse in Weinblättern

(für 8 Personen)

12–15 Weinblätter in Salzlake
200 g weicher Ricotta
3 TL eingelegter grüner Pfeffer
1 EL Zitronensaft
Salz
schwarzer Pfeffer aus der Mühle
1/8 l trockener Weißwein
3 Blatt weiße Gelatine
250 ml Sahne

Weinblätter kalt abspülen und in reichlich kochendem Wasser kurz sprudelnd kochen. Mit einer Schaumkelle herausnehmen und ausgebreitet auf einen Rost legen.

Ricotta glatt rühren. Grünen Pfeffer leicht zerdrücken und mit dem Zitronensaft unter den Käse rühren. Mit Salz und Pfeffer aus der Mühle kräftig abschmecken.

Wein etwas erwärmen, Gelatine darin auflösen, etwas abkühlen lassen. Flüssigkeit mit einem Schneebesen in die Käsecreme rühren. Sahne steif schlagen und vorsichtig unter die Creme heben.

Eine runde Schüssel mit flachem Boden und ca. 20 cm Durchmesser mit den Weinblättern auslegen. Die Blätter, mit der Oberfläche nach unten, sollen Boden und Rand der Schüssel lückenlos bedecken und über den Rand hinausragen. Die Mousse hineinfüllen und mit den überragenden Blättern gut bedecken.

Ricotta-Mousse mindestens 3 Stunden im Kühlschrank fest werden lassen. Vor dem Servieren auf einen Teller stürzen und mit einem spitzen, sehr scharfen Messer in Scheiben schneiden. Baguette dazureichen.

Parmesanknödel auf Tomatensauce

1,5 kg reife Fleischtomaten
2 rote Chilischoten
100 ml Olivenöl
Salz
1 Prise Zucker

Für die Knödel:
125 g Butter
Salz
1 Prise Zucker
125 g Mehl
4 Eier
1 Bund Basilikum
125 g frisch geriebener Parmesan

Für die Sauce die Stielansätze keilförmig aus den Tomaten herausschneiden, Tomaten überbrühen, pellen und grob würfeln. Chilischoten längs aufschneiden, entkernen und sehr fein würfeln.

Öl in einem Topf erhitzen, Tomaten und Chili dazugeben, bei milder Hitze ohne Deckel ca. 50 Minuten köcheln lassen. Zwischendurch umrühren, mit Salz und Zucker abschmecken.

Für die Knödel $^1/_4$ l Wasser mit der Butter und je 1 Prise Salz und Zucker zum Kochen bringen. Mehl schnell mit einem Holzlöffel hineinrühren, bis sich alle Zutaten als Kloß vom Topfrand lösen. Die Masse in eine Rührschüssel geben. Die Eier nacheinander in den Teig einkneten. Teigmasse abkühlen lassen.

Basilikumblätter in feine Streifen schneiden und mit dem Käse unter den Teig kneten.

In einer großen Pfanne mit Deckel Salzwasser zum Kochen bringen. Vom Teig kleine Klöße abstechen und in das siedende Wasser geben. Zugedeckt bei milder Hitze ca. 15 Minuten ziehen lassen, das Wasser sollte nicht mehr kochen. Die fertigen Knödel mit einer Schaumkelle aus dem Wasser heben und abgetropft auf der Tomatensauce anrichten. Dazu reicht man italienisches Weißbrot.

Carpaccio mit altem Pecorino

(für 6 Personen)

300 g Rinderfilet am Stück

3 EL Zitronensaft · Salz

schwarzer Pfeffer aus der Mühle

5 EL Olivenöl

1 Bund Rucola-Salat

2 aromatische Tomaten

150 g alter Pecorino

Rinderfilet in Klarsichtfolie wickeln und für mindestens eine Stunde ins Gefrierfach legen. Zitronensaft mit 1/4 TL Salz, reichlich grob gemahlenem Pfeffer und dem Öl zu einer Sauce verrühren.

Rucola waschen, trocken schütteln, putzen. Stiele von den schönen Blättern abschneiden. Tomaten überbrühen, pellen, vierteln, Stielansätze und Kerne entfernen, Fruchtfleisch fein würfeln.

Rinderfilet aus dem Gefrierfach nehmen, Folie entfernen und in hauchdünne Scheiben schneiden. Auf Portionstellern anrichten, mit Rucola und Tomatenwürfeln garnieren, mit der Sauce beträufeln und den Pecorino mit einem Gurkenhobel darüber hobeln. Sofort mit frischem Brot servieren.

Ausgebackene Mozzarella-Sandwiches

8 Scheiben Toastbrot

150 g Mozzarella

1 TL Oregano

2 EL Olivenöl

Salz

schwarzer Pfeffer aus der Mühle

3 Eier

3 EL Milch

1 Eiweiß

2 EL Mehl

1/2 l Öl zum Ausbacken

4 Blätter Kopfsalat

2 Tomaten

Brot entrinden. 4 Brotscheiben nebeneinander auf die Arbeitsfläche legen. Mozzarella in 8 Scheiben schneiden, jeweils 2 Scheiben auf eine Brotscheibe leben, mit Oregano bestreuen, mit 1 EL Öl beträufeln, salzen und mit Pfeffer würzen. Die übrigen Brotscheiben darauf legen.

Eier und Milch in einer Schüssel mit dem Schneebesen verquirlen, salzen und pfeffern. Eiweiß separat mit einer Gabel schlagen, bis es nicht mehr zäh ist. Die Ränder der Sandwiches innen mit Eiweiß bepinseln und gut zusammendrücken, von beiden Seiten in Mehl wenden und nebeneinander auf einen großen Teller legen. Eiermilch darüber gießen. Sandwiches so lange liegen lassen, bis die Eiermilch aufgesogen ist, dabei einmal wenden.

Öl in einer tiefen Pfanne auf 180 °C erhitzen. Jeweils 2 Sandwiches darin 3–4 Minuten pro Seite goldbraun backen. Mit einer

Schaumkelle herausheben, auf Küchenkrepp setzen und mit dem restlichen Olivenöl beträufeln. Salatblätter waschen und gut trocken schütteln. Tomaten waschen und achteln. Warme Sandwiches diagonal halbieren und auf einer Platte mit Salat und Tomaten anrichten.

Auberginen mit Knoblauchkäse

3 mittelgroße Auberginen
Salz
6 EL Olivenöl
Pfeffer
3 Knoblauchzehen
$1/2$ TL Oregano
$1/2$ Gaperon (Knoblauchkäse)
glatte Petersilie

Von den Auberginen die Stiele abschneiden, auf dem Gurkenhobel in dünne Scheiben schneiden. Auberginenscheiben mit Salz bestreuen, ca. 15 Minuten in Wasser ziehen lassen, dann gründlich abspülen und mit Küchenkrepp gut abtrocknen. Knoblauch pellen und in hauchdünne Scheiben schneiden.

Olivenöl in einer Pfanne erhitzen und die Auberginenscheiben nach und nach darin goldbraun braten. Fertige Scheiben auf einer Platte anrichten und Knoblauch dazwischen streuen. Gaperon in sehr dünne Scheiben schneiden und ebenfalls auf den Auberginenscheiben verteilen. Der Käse sollte durch die Wärme der Auberginen sanft schmelzen. Vor dem Servieren kann man die Platte mit den fertigen Auberginen noch einmal 20 Sekunden in der Mikrowelle auf höchster Stufe erwärmen. Mit Petersilie garnieren.

Käse-Carpaccio

2 EL Orangenmarmelade
2 TL Dijon-Senf
2 TL Essig
300 g mittelalter Gouda
1 Lauchzwiebel
1 rosa Grapefruit
schwarzer Pfeffer aus der Mühle

Für die Marinade die Marmelade mit Senf und Essig glatt rühren. Käse entrinden, mit einem Hobel in sehr dünne Scheiben schneiden. Auf 4 Tellern anrichten.

Lauchzwiebel putzen, waschen und in hauchdünne Scheiben schneiden. Grapefruits schälen, filetieren und mit Küchenkrepp abtrocknen. Beides auf dem Käse verteilen. Marinade darüber träufeln und mit Pfeffer grob übermahlen.

46

Käsenocken mit Mangospalten

300 g reifer Brie
3 EL Crème fraîche
2 eingelegte Peperoni
1 EL frische Dillspitzen
1 reife Mango
1 Kopf Radicchio
1 EL Essig
Salz
Pfeffer aus der Mühle
2 EL Öl

Käse entrinden und in Stücke schneiden. Mit so viel Crème fraîche glatt rühren, dass eine formbare Creme entsteht. Peperoni möglichst fein hacken und mit dem Dill unter die Käsecreme mischen.

Mango dünn schälen, Fruchtfleisch in Spalten vom Stein abtrennen. Radicchio putzen, waschen und abtropfen lassen. Essig, Salz, Pfeffer und Öl zu einer Marinade rühren. Salatblätter in große Stücke zupfen, 4 Teller damit auslegen und die Marinade darüber träufeln.

Mangospalten dekorativ auf dem Salat anrichten. Käsecreme mit zwei Esslöffeln zu Nocken formen und auf die Radicchio-blätter setzen.

Camembert in Sherry-Marinade

400 g nicht zu reifer
Camembert
4 reife Feigen
2 EL Sherry
2 EL Orangensaft
1 EL Balsamico
50 g Walnusskerne
weißer Pfeffer aus der Mühle
Minzeblättchen zum Garnieren

Käse mit einem Messer rund herum vorsichtig abschaben, dann in $1/2$ cm dicke Scheiben schneiden. Feigen waschen, trocken tupfen und mit der Schale in dünne Scheiben schneiden. Beides auf 4 Tellern dekorativ anrichten.

Sherry mit Saft und Essig verrühren. Die Mischung über den Käse träufeln. Walnusskerne hacken und darüber verteilen. Alles mit Pfeffer übermahlen und mit Minze garniert servieren.

Gratinierter Käseteller

75 g junger Ziegenkäse

75 g Fontina oder Appenzeller

75 g Munster

150 g blaue Trauben

2 reife Kiwis

Schnittlauch zum Garnieren

schwarzer Pfeffer

aus der Mühle

Backofen auf 225 °C vorheizen. Vom Käse die Rinde dünn abschneiden, Käse dann in jeweils 4 Portionen teilen. Trauben waschen, halbieren. Kiwis schälen und würfeln.

Von allen Käsesorten je eine Portion auf ofenfeste Teller verteilen, auf den Rost in die oberste Einschubleiste stellen. So lange im Ofen lassen, bis der Käse anfängt zu schmelzen.

Käse mit Pfeffer übermahlen. Früchte dekorativ dazulegen und mit Schnittlauch garnieren. Warm servieren.

Windbeutel mit Käsefüllung

Für den Brandteig:

50 g Margarine oder Butter

1 Prise Salz

150 g Mehl

1 TL Backpulver

4 – 6 Eier

Für die Füllung:

1 kleine rote Paprikaschote

1 kleine grüne Paprikaschote

1 Zwiebel

4 Gewürzgurken

3 Scheiben gekochter Schinken

400 g Doppelrahm-Frischkäse

4 EL Milch

2 EL gehackte frische Kräuter

Salz

Pfeffer aus der Mühle

Backofen auf 200 °C vorheizen. 250 ml Wasser mit Fett und Salz in einem Topf aufkochen lassen. Mehl mit Backpulver auf einmal dazugeben und kräftig rühren. Topf vom Herd nehmen, nach und nach die Eier mit dem Handrührer untermischen. Wenn der Teig glänzt und Spitzen zieht, sind es genug Eier.

Mit 2 Teelöffeln Häufchen abstechen, auf ein mit Backpapier belegtes Blech setzen und im Backofen 20–25 Minuten backen. In der Zwischenzeit für die Füllung Paprika putzen, waschen, klein würfeln. Zwiebel schälen und mit Gewürzgurken und Schinken klein würfeln.

Käse mit Milch glatt rühren, Gemüse, Schinken und Kräuter unterheben, salzen und pfeffern. Die fertigen Windbeutel abkühlen lassen, dann quer aufschneiden, mit der Käsecreme füllen und servieren.

Marinierte Auberginen

2 Auberginen

Salz

300 ml Olivenöl

1 Bund Basilikum

4 Knoblauchzehen

Saft und Schale einer Zitrone

Saft einer Orange

100 g Grana Padano

Auberginen waschen, putzen und in dünne Scheiben schneiden. Gut salzen und 15 Minuten ziehen lassen. Öl in einer Pfanne erhitzen, Auberginenscheiben gründlich trocken tupfen und portionsweise von beiden Seiten goldbraun braten.

Basilikum bis auf einige Blättchen in dünne Streifen schneiden, Knoblauch abziehen und hacken. Beides mit Zitronensaft und -schale und Orangensaft verrühren.

Die noch heißen Auberginen mit der Sauce beträufeln, 15 Minuten ziehen lassen. Käse grob reiben und vor dem Servieren mit den beiseite gelegten Basilikumblättchen auf den Auberginen verteilen.

Würzige Käsetaler

50 g Magerquark

1 EL Öl

1 EL Milch

Salz

1 Prise Cayennepfeffer

$1/4$ TL Paprikapulver, edelsüß

80 g Mehl

1 $1/2$ TL Backpulver

Mehl zum Ausrollen

Fett für das Blech

100 g Gruyère am Stück

4 Frühlingszwiebeln

schwarzer Pfeffer aus der Mühle

Backofen auf 200 °C vorheizen. Quark mit Öl, Milch und Salz verrühren. Mit Cayennepfeffer und Paprikapulver würzen. Mehl mit Backpulver mischen und unterkneten.

Teig auf einer leicht bemehlten Fläche 2 mm dünn ausrollen. 8 Taler mit ca. 6 cm Durchmesser ausstechen. Auf ein gefettetes Backblech setzen. Aus dem übrigen Teig dünne Stränge rollen und als Rand auf die Plätzchen setzen, fest andrücken.

Käse entrinden und klein würfeln. Frühlingszwiebeln waschen und in Ringe schneiden. Käse und Zwiebeln mischen und auf die Taler verteilen. 10 Minuten im Backofen backen. Zum Servieren mit Pfeffer übermahlen.

Basilikum-Kuppel

(für 6 Personen)

2 Bund frisches Basilikum
75 g Pinienkerne
200 g milder Schafskäse
150 g weiche Butter
25 g frisch geriebener Parmesan
¹/₈ l Sahne

Basilikum vorsichtig abbrausen, einen kleinen Zweig beiseite legen. Von den übrigen Zweigen die Blättchen abzupfen und grob hacken. 50 g Pinienkerne in einer Pfanne ohne Fett goldgelb rösten.

Die restlichen Pinienkerne sehr fein hacken. Schafskäse durch ein Sieb streichen und mit der Butter, dem Parmesan und der Sahne zu einer cremigen Masse verrühren. Das gehackte Basilikum und die gemahlenen Pinienkerne untermischen.

Eine kuppelartige Form (runde Schüssel) aus Metall oder Porzellan mit ca. 500 ml Fassungsvermögen mit kaltem Wasser ausspülen und die Käsecreme hinein- geben, glatt streichen. Für ca. 4 Stunden in den Kühlschrank stellen, dann auf eine Platte stürzen. Mit den gerösteten Pinienkernen bestreuen und mit dem Basilikumzweig verzieren. Dazu passen Tomaten und Baguette.

Marinierter Mozzarella

4 EL Essig
Salz
8 EL Olivenöl
3 Mozzarella-Käse à 125 g
2 TL schwarze Pfefferkörner
2 TL weiße Pfefferkörner
2 EL Korianderkörner
2 Bund glatte Petersilie
2 TL getr. Basilikum
3 große Tomaten

Essig, Salz, und Öl verrühren. Mozzarella abtropfen lassen, je in 4 Scheiben schneiden und etwa eine Stunde in der Vinaigrette marinieren.

Pfeffer- und Korianderkörner im Mörser zerstoßen. Petersilie fein hacken. Alles mit dem Basilikum mischen. Käsescheiben aus der Marinade heben und in der Gewürzmischung wenden. Tomaten jeweils in 4 Scheiben schneiden. Je 3 Tomatenscheiben auf Portionsteller setzen und die Mozzarellascheiben darauf legen.

Ricotta-Basilikum-Klöße mit Tomatensauce

(für 6 Personen)

Für die Tomatensauce:

1 Bund Frühlingszwiebeln

2 Knoblauchzehen

3 EL Öl

1 Dose geschälte Tomaten

(800 g)

Salz

Zucker

Cayennepfeffer

Für die Klöße:

350 g Kartoffeln

Salz

150 g Ricotta

2 Eier

60 g Hartweizengrieß

1 Bund Basilikum

etwas Grieß zum Formen der Knödel

Für die Tomatensauce die Frühlingszwiebeln putzen und nur das Weiße und Hellgrüne schräg in ca. 1 cm dicke Scheiben schneiden. Knoblauchzehen pellen und durch die Presse drücken.

Öl in einer Pfanne erhitzen. Zwiebeln und Knoblauch unter Wenden darin anbraten. Tomaten mit der Flüssigkeit dazugeben und bei mittlerer Hitze 25 Minuten einkochen. Mit Salz, Zucker und Cayennepfeffer würzen.

Für die Klöße die Kartoffeln schälen und in Salzwasser gar kochen. Ricotta durch ein feines Sieb streichen. Die noch heißen Kartoffeln durch die Kartoffelpresse drücken. Ricotta, Eier und Grieß zu den Kartoffeln geben und zu einem Teig verkneten. Basilikumblätter von den Stielen streifen. Einige ganze Blätter zum Garnieren beiseite legen. Die übrigen Blätter in breite Streifen schneiden und unter die Kartoffelmasse kneten. Mit Salz abschmecken. Ca. 10 Minuten quellen lassen.

Etwas Grieß auf die Arbeitsfläche streuen, den Teig halbieren und jedes Stück zu einer ca. 30 cm langen Rolle formen. Jede Rolle in 10 Stücke teilen. Aus den Stücken 20 Klöße formen.

Ca. 3 l gesalzenes Wasser in einem möglichst breiten Topf zum Kochen bringen, Klöße hineingeben, wenn das Wasser wieder zu kochen beginnt, Hitze reduzieren. Klöße 15 Minuten offen sieden (nicht kochen) lassen.

Die Klöße mit einer Schaumkelle heraus nehmen und mit der Tomatensauce und dem restlichen Basilikum auf vorgewärmten Tellern anrichten.

Salate

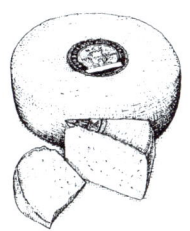

Käsesalat mit Senf-Vinaigrette

3 Zwiebeln
1 Glas grüne Oliven
mit Paprika gefüllt (240 ml)
1 Kopf Lollo rosso
250 g Edamer in dicken Scheiben
2 Stängel Thymian
2 EL mittelscharfer Senf
5 EL Weißwein-Essig · Salz
1 Prise Zucker
Pfeffer aus der Mühle · 2 EL Öl
12 Scheiben Truthahnsalami
bunter Pfeffer zum Garnieren

Zwiebeln schälen und in Ringe schneiden. Oliven auf einem Sieb abtropfen lassen. Salat putzen, waschen, abtropfen lassen und in mundgerechte Stücke zupfen. Käse in Rauten schneiden. Thymian waschen, trocken schütteln und die Blättchen von den Stielen zupfen. Senf, Essig, Salz, Zucker und Pfeffer verrühren und das Öl unterschlagen. Salat, Zwiebeln, Oliven, Käse und Salami mischen und in einer Schüssel anrichten. Die Vinaigrette darüber gießen, mit Thymian und buntem Pfeffer bestreut servieren.

 Salate

Kerniger Birnensalat mit Gorgonzola-Sauce

(für 6 Personen)

100 g Haselnusskerne
180 g Gorgonzola
1 Becher Jogurt
1 EL Zitronensaft
Salz
weißer Pfeffer aus der Mühle
1/2 TL brauner Zucker
1 Romana-Salat
1 Staude Sellerie
500 g Williams-Christ-Birnen

Haselnusskerne im vorgeheizten Backofen auf der 2. Einschubleiste von unten bei 175° C ca. 10 Minuten rösten, in einem Sieb erkalten lassen, dann die dunklen Häutchen abreiben. Nüsse grob hacken.

Gorgonzola entrinden. 50 g Käse beiseite stellen. Den Rest durch ein feinmaschiges Sieb streichen und in einer Schüssel mit dem Jogurt glatt rühren. Gorgonzola-Sauce mit Zitronensaft, Salz, Pfeffer und Zucker herzhaft abschmecken.

Romana in einzelne Blätter zerteilen, waschen, gut abtropfen lassen. Staudensellerie putzen, die einzelnen Stangen in dünne Scheiben schneiden. Ein paar grüne Sellerieblätter zum Garnieren beiseite legen.

Birnen schälen, vierteln, Kerngehäuse entfernen, quer in dünne Scheiben schneiden und mit Sellerie, drei Viertel der Haselnusskerne und der Gorgonzola-Sauce mischen.

Beim Anrichten jeweils 2 Salatblätter zu kleinen Schiffchen zusammenstecken und auf eine Platte legen. Salatschiffchen mit dem Birnensalat füllen. Salat vor dem Servieren mit dem restlichen Gorgonzola, den Haselnusskernen und den Sellerieblättchen garnieren.

Brokkolisalat mit Frischkäse

1 kg Brokkoli · Salz
2 unbehandelte Zitronen
1 Avocado
30 g Mandelstifte
1/2 Bund Zitronenmelisse
150 g Jogurt
100 g saure Sahne
1/2 TL Öl · 1 TL Honig
Pfeffer
100 g körniger Frischkäse

Brokkoli putzen, waschen und in Röschen teilen, Stiele schälen und in 3 cm lange Stücke schneiden. Einige zarte Brokkoliblätter beiseite legen. In einem Topf Salzwasser zum Kochen bringen, Brokkoliröschen und -stiele 3 Minuten darin blanchieren, Blätter kurz dazugeben. Alles abgießen, abschrecken und abkühlen lassen.

Eine Zitrone gut waschen, mit einem Juliennemesser feine Streifen von der Schale

abschälen. Beide Zitronen auspressen. Avocado schälen, der Länge nach halbieren,
entsteinen und quer in Scheiben schneiden.
Avocadoscheiben sofort mit etwas Zitronensaft beträufeln.

Mandelstifte in einer Pfanne ohne Fett
goldbraun rösten. Zitronenmelisse waschen, trocken schütteln, Blättchen ab-zup-
fen und in Streifen schneiden.

Jogurt mit der sauren Sahne glatt rühren,
Öl, 5 EL Zitronensaft und den Honig
unterrühren, mit Salz und Pfeffer würzen.

Brokkoli und Avocado auf Tellern anrichten, Frischkäse darauf verteilen und die
Sauce darüber gießen. Salat mit gerösteten
Mandelstiften, Zitronenjulienne und Zitronenmelisse bestreut servieren.

Hirtensalat mit Schafskäse

(für 6 Personen)

1 Romana-Salat
6 Eiertomaten
1 Salatgurke
6 hellgrüne spitze
Paprikaschoten
2 Bund Frühlingszwiebeln
2 Bund glatte Petersilie
Saft einer Zitrone
5 EL Olivenöl
Salz
1 Msp. Zucker
schwarzer Pfeffer aus der Mühle
400 g weißer
(griechischer) Schafskäse
100 g schwarze Oliven

Vom Salat die äußeren harten Blätter
abschneiden, die übrigen gründlich waschen, trocken schleudern und quer in Streifen schneiden. In eine Schüssel geben.
Tomaten abspülen, halbieren, Stielansätze
und Kerne entfernen, Fruchtfleisch würfeln.
Salatgurke waschen, mit oder ohne Schale
würfeln.

Paprikaschoten halbieren, Stielansätze
und Kerne entfernen, Schoten waschen und
in Streifen schneiden. Frühlingszwiebeln
von Wurzeln und harten Röhren befreien,
gründlich abspülen und in Ringe schneiden.

Petersilie waschen, trocken schütteln,
Blättchen fein hacken. Mit dem Gemüse in
die Schüssel zum Salat geben. Aus Zitronensaft, Öl, Salz, Zucker und Pfeffer eine
Marinade rühren, unter den Salat heben
und abschmecken. Salat auf einer Platte
anrichten. Schafskäse mit einer Gemüse-
raspel über den Salat raspeln. Oliven dekorativ darauf verteilen.

Fruchtiger Blattsalat mit Roquefort-Dressing

1 Frisée-Salat
1 Ogen-Melone
1 reife Mango
4 reife frische Feigen
100 g Roquefort
175 g saure Sahne
2 EL Weißweinessig
2 EL Öl
3 EL Weißwein
Salz
schwarzer Pfeffer aus der Mühle
bunter Pfeffer zum Garnieren

Frisée-Salat waschen und gut abtropfen lassen. Blätter in mundgerechte Stücke zupfen und auf 4 Portionstellern anrichten. Melone halbieren, Kerne herauslösen. Mit einem Kugelausstecher das Fruchtfleisch herauslösen und auf dem Salat verteilen.

Mango schälen, Fruchtfleisch in Scheiben vom Kern abschneiden und ebenfalls auf dem Salat anrichten. Feigen kurz abspülen, trocknen, Stiele entfernen, Früchte vierteln und zum Salat legen.

Roquefort mit einer Gabel gut durchkneten, mit Sahne, Essig, Öl und Weißwein zu einem cremigen Dressing verrühren und mit Salz und Pfeffer abschmecken. Dressing auf den 4 vorbereiteten Tellern verteilen, mit buntem Pfeffer bestreut servieren.

Tomaten-Paprika-Salat mit lauwarmem Mozzarella

1 rote Paprikaschote
1 gelbe Paprikaschote
1 grüne Paprikaschote
100 g getrocknete Tomaten
4 EL Essig
Salz
Pfeffer aus der Mühle
6 EL Olivenöl
250 g Kirschtomaten
150 g Salatrauke
1 Bund Basilikum
2 Stck. Mozzarella (à 125 g)

Paprikaschoten halbieren, Stielansätze und Kerne entfernen, waschen und mit der Hautseite nach oben auf ein Backblech setzen, für ca. 8 Minuten unter den vorgeheizten Grill schieben. Sobald die Haut Blasen wirft und braun wird, die Paprikahälften abschrecken und häuten, dann in Rauten schneiden.

Getrocknete Tomaten fein würfeln, mit Essig, Öl, Salz und Pfeffer mischen. Kirschtomaten waschen und halbieren. Raukeblätter waschen, trocknen und grob zerschneiden. Basilikumblätter in Streifen schneiden.

Jede Mozzarellakugel in 4 Scheiben schneiden, auf ein Backblech legen und im vorgeheizten Backofen bei 200° C etwa 6 Minuten erwärmen, aber nicht schmelzen.

In der Zwischenzeit Paprika, Kirschtomaten, Rauke und Basilikum in der Salatsauce wenden und auf 4 Tellern anrichten. Mozzarellascheiben auf die Teller verteilen und mit der restlichen Salatsauce beträufeln.

Gratinierter Ziegenkäse auf Frühlingssalat

1 Löwenzahnstaude
1 Kopfsalat
4 Bund Sauerampfer
4 Scheiben Baguette
4 Knoblauchzehen
1 Bund Thymian
1 Zwiebel
80 g Butter
4 junge Ziegenkäse
(Chavignol)
4 EL Rotweinessig
Salz
schwarzer Pfeffer aus der Mühle
1 Prise Zucker
8 EL Olivenöl

Löwenzahnblätter von der Staude lösen, nur die inneren, hellgrünen Blätter verwenden. Kopfsalat in mundgerechte Stücke teilen, Sauerampfer putzen. Alle Salate einzeln waschen und trocken schleudern.

Baguettescheiben in grobe Würfel schneiden, Knoblauch pellen und fein würfeln. Thymian von den Stielen zupfen und grob hacken. Zwiebel schälen und fein würfeln.

Brotwürfel in der Butter unter Wenden goldbraun braten. Knoblauch und Thymian untermischen, bei ausgeschalteter Herdplatte warm halten.

Backofen auf 200 °C vorheizen. Ein Backblech mit Backpapier auslegen, Ziegenkäse darauf setzen. In der Mitte des Backofens 10 Minuten backen, dann auf die oberste Einschubleiste setzen und noch 8 Minuten backen, bis der Käse anfängt, braun zu werden.

In der Zwischenzeit aus Essig, Salz, Pfeffer, Zucker und Öl eine Vinaigrette rühren, Zwiebelwürfel unterrühren. Alle Salate nacheinander mit der Vinaigrette mischen und auf einer großen Platte dekorativ anrichten. Den gebackenen Käse auf den Salat setzen, mit grob gemahlenem schwarzem Pfeffer und den Baguettewürfeln bestreut servieren.

Feldsalat mit Trauben und gebackenen Crottins

4 Scheiben Baguette

50 g Butter

2 frische Crottins

(à 100 g, franz. Ziegenkäse)

150 g Feldsalat

2 EL Essig

Salz

Pfeffer aus der Mühle

6 EL Traubenkernöl

250 g Trauben

Backofen auf 200° C vorheizen. Baguette-scheiben auf die Größe des Ziegenkäses zurechtschneiden, auf beiden Seiten mit Butter bestreichen. Die beiden Käse horizontal durchschneiden und auf die Brotscheiben legen.

Brote auf ein Backblech setzen und für 10 Minuten auf der 2. Einschubleiste von unten im Backofen backen.

Feldsalat putzen, in reichlich frischem Wasser gründlich abspülen und trocken schleudern. Aus Essig, Salz, Pfeffer und Öl eine Vinaigrette rühren. Feldsalat in der Sauce wenden, Trauben waschen und von den Stielen zupfen.

Salat und Trauben auf Portionstellern anrichten, Brotscheiben mit dem Käse in die Mitte setzen und servieren.

Italienischer Bohnensalat

300 g dicke Bohnen (TK)

Salz

8 EL Olivenöl

3 EL Weißweinessig

Pfeffer aus der Mühle

100 g schwarze Oliven

1 weiße Zwiebel

1 Kopf Radicchio

1/2 Bund Basilikum

100 g Parmesan

Die dicken Bohnen in Salzwasser garen, abtropfen lassen. Aus Öl, Essig, Salz und Pfeffer eine Salatsauce rühren, die noch heißen Bohnen hineingeben und darin erkalten lassen.

In der Zwischenzeit das Olivenfleisch von den Steinen schneiden, Zwiebel schälen und in sehr dünne Spalten schneiden. Radicchioblätter vom Strunk lösen, große Blätter längs halbieren. Basilikumblättchen von den Stielen zupfen. Parmesan grob hobeln.

Bohnen mit einer Schaumkelle aus der Vinaigrette heben, Radicchio, Zwiebelspalten und Basilikum darin wenden und zusammen mit den Bohnen und Oliven auf einer Platte anrichten. Mit Parmesan bestreuen und sofort servieren.

Paprikasalat mit Schafskäse

(für 6 Personen)

4 rote Paprikaschoten
3 gelbe Paprikaschoten
20 g kleine Kapern
2 Knoblauchzehen
60 g Walnusskerne
8 EL Olivenöl
3 Eier
300 g Feta
3 Zweige Minze
1/2 Bund glatte Petersilie
3 EL Zitronensaft
Salz
schwarzer Pfeffer aus der Mühle

Paprikaschoten vierteln, putzen und mit der Hautseite nach oben auf ein Backblech legen. Ca. 6 Minuten unter dem Grill rösten, mit einem feuchten Geschirrtuch bedecken, 10 Minuten stehen lassen, dann häuten.

Paprikaschoten in 1 cm breite Streifen schneiden, die Kapern in einem Sieb kalt abbrausen und abtropfen lassen. Knoblauch pellen und durch die Presse drücken. Walnüsse in einer Pfanne mit 2 EL Olivenöl goldbraun rösten, zum Schluss den Knoblauch dazugeben. Walnüsse abkühlen lassen und grob hacken.

Eier hart kochen, abschrecken und pellen. Schafskäse in 2 cm große Würfel schneiden. Jedes Käsestück in ein Minzeblatt einwickeln. Petersilie waschen, trocken tupfen und grob hacken. Paprikastreifen, Walnüsse, Petersilie und Kapern mit dem restlichen Olivenöl, Zitronensaft, Salz und grob gemahlenem Pfeffer mischen und auf einer Platte anrichten.

Eier halbieren und mit dem Schafskäse zum Paprikasalat legen.

Endivien-Gruyère-Salat

(für 8 Personen)

1 Kopf Endiviensalat
250 g Gruyère
75 ml Olivenöl
2 Eigelb
100 g Senf
1 Knoblauchzehe
1 Bund Schnittlauch
1/2 TL Zucker

Salatkopf halbieren, gut waschen und trocken schleudern, Gruyère grob raffeln. Für die Sauce Öl, Eigelb und Senf mit dem Schneebesen verrühren. Knoblauch pellen, durch die Presse drücken und zur Sauce geben. Schnittlauch waschen, trocknen und in Röllchen schneiden. Schnittlauch und Zucker zur Sauce geben.

Salathälften mit der Schnittfläche auf ein Brett legen, die Blätter fest zusammendrücken und von der oberen Seite zum Wurzelansatz hin in dünne Streifen schneiden.

Salat und Käse gleichmäßig in eine Schüssel schichten. Erst kurz vor dem Servieren die Sauce darüber gießen und vorsichtig mischen.

Grüne Bohnen mit Blauschimmelkäse

250 g feine grüne Bohnen
Salz
3 vollreife Williamsbirnen
Zitronensaft
100 g cremiger
Blauschimmelkäse
1 EL Senf
1 EL Essig
3 EL Olivenöl
Salz
Pfeffer aus der Mühle
1 Prise Cayennepfeffer

Bohnen putzen, in leise kochendem Salzwasser ca. 5 Minuten blanchieren. Die Bohnen sollten noch Biss haben. Birnen schälen, vierteln, Kerngehäuse herausschneiden. Birnenviertel längs in schmale Scheiben schneiden. Sofort in Zitronensaft wenden, damit sie sich nicht verfärben.

Aus Senf, Essig, Olivenöl, Salz und Pfeffer eine Marinade rühren. Bohnen und Birnenscheiben auf einer Platte anrichten, mit der Marinade beträufeln. Käse grob hacken und über den Salat streuen.

Griechischer Nudelsalat

250 g kurze Röhrennudeln
Salz
1 EL Olivenöl
1 Salatgurke
2 Knoblauchzehen
1 Zwiebel
1 gelbe Paprikaschote
200 g milder Schafskäse

Für das Dressing:
1 Bund Dill
3 EL Essig
Salz
Pfeffer aus der Mühle
5 EL Olivenöl

Nudeln in reichlich kochendem Salzwasser bissfest garen, abschrecken, abtropfen lassen und mit dem Öl mischen.

Gurke waschen, der Länge nach halbieren und in etwa $1/2$ cm breite Scheiben schneiden. Knoblauch abziehen und blättrig schneiden. Zwiebel schälen und in Ringe schneiden. Paprika halbieren, putzen, waschen und in Streifen schneiden. Schafskäse würfeln.

Für das Dressing den Dill waschen, trocken schütteln und die Spitzen abzupfen. Aus Essig, Salz, Pfeffer und Olivenöl eine Marinade rühren, Dill unterheben.

Nudeln mit Gurke, Knoblauch, Zwiebel, Paprikaschote und dem Schafskäse vermischen, die Marinade unterheben. Vor dem Servieren noch einmal abschmecken.

Nudel-Käse-Salat

250 g Gabelspagetti
Salz
2 EL Öl
1 Bund Suppengemüse
200 ml heiße Fleischbrühe
1 Bund Radieschen
1/2 Salatgurke
150 g Emmentaler
150 g roher Schinken
Für das Dressing:
1/2 Bund Petersilie
3 Schalotten
Salz
3 EL Essig
Pfeffer aus der Mühle
5 EL Öl
etwas Muskat

Nudeln in reichlich kochendem Salzwasser bissfest garen, abschrecken und gut abtropfen lassen. Mit 1 EL Öl mischen.

Suppengemüse putzen, 1/2 cm groß würfeln. 1 EL Öl in einem Topf erhitzen und das Suppengemüse darin anschwitzen, Brühe angießen, Gemüse darin bei geringer Hitze bissfest köcheln.

Radieschen putzen, waschen und vierteln. Gurke waschen, schälen, 1/2 cm groß würfeln. Käse in 1 cm große Würfel schneiden. Schinken in schmale Streifen schneiden.

Petersilie fein hacken. Schalotten abziehen, fein schneiden und kurz mit heißem Wasser überbrühen. Aus Salz, Pfeffer, Essig und Öl eine Marinade rühren. Schalotten und Petersilie unterheben. Mit Muskat würzen.

Nudeln mit Suppengemüse, Radieschen, Gurken, Schinken und Käse mischen. Marinade unterheben. 15 Minuten durchziehen lassen. Noch einmal kräftig abschmecken und servieren.

Provolone-Würfel auf Feldsalat

200 g Feldsalat
4 Tomaten
100 g Champignons
Zitronensaft
1/2 l Frittieröl
200 g Provolone am Stück
1 Eigelb
100 ml Weißwein
60 g Mehl
1 Prise Salz
1 Eiweiß

Salat putzen, waschen und trocken schütteln. Tomaten überbrühen, häuten, entkernen und würfeln. Champignons putzen und blättrig schneiden. Sofort mit Zitronensaft beträufeln.

Käse in etwa 1,5 cm große Würfel schneiden. Frittierfett in einem kleinen Topf auf 180 °C erhitzen. Zum Test einen Holzlöffel in das Fett halten. Wenn Bläschen aufsteigen, ist das Fett heiß genug.

Eigelb mit Wein, Mehl und Salz zu einem glatten, dünnflüssigen Teig rühren. Eiweiß steif schlagen und unter den Teig heben. Käsewürfel durch den Teig ziehen und nach

 Salate

Für die Sauce:
3 EL Zitronensaft
1 Prise Zucker
Salz
weißer Pfeffer aus der Mühle
2 EL Olivenöl

und nach in dem Fett 2–3 Minuten goldbraun backen.

Für die Sauce Essig mit Zucker, Salz und Pfeffer verrühren. Öl unterschlagen. Salat auf Tellern anrichten, mit Champignons und Tomaten dekorieren, Käsewürfel darüber streuen und mit der Sauce beträufeln.

Appenzeller Wurstsalat

250 g Schinken-Fleischwurst
(mit Knoblauch)
2 Gewürzgurken
150 g Appenzeller
2 EL Senf
3 EL Essig
Salz
schwarzer Pfeffer
aus der Mühle
5 EL Öl
200 g Endiviensalat
2 Tomaten
1 Zwiebel
2 hart gekochte Eier
2 EL gehackte Petersilie

Fleischwurst häuten und in Streifen schneiden. Gurken in Scheiben und den Käse in kleine Würfel schneiden. Diese Zutaten locker in einer Schüssel mischen.

Aus Senf, Essig, Salz, Pfeffer und Öl eine Marinade rühren, locker unter den Salat mischen, dann gut durchziehen lassen.

In der Zwischenzeit den Endiviensalat putzen, waschen, sehr gründlich abtropfen lassen und in Streifen schneiden. Tomaten überbrühen, häuten, entkernen und würfeln. Zwiebel und Eier schälen und ebenfalls würfeln. Wurstsalat pikant abschmecken und mit Tomaten-, Zwiebel- und Eiwürfeln sowie der Petersilie bestreut servieren.

Käse-Ananas-Salat

(für 6 Personen)

12 große Kopfsalatblätter
300 g frische Ananas
250 g Maasdamer
100 g Mandelstifte
1 EL Butter
125 g Crème fraîche
Saft einer Zitrone · Salz
weißer Pfeffer aus der Mühle
Cayennepfeffer

Salatblätter waschen und trocken schütteln. Ananas putzen. Käse und Ananas in feine Streifen schneiden. Butter in einer Pfanne erhitzen, Mandelstifte darin goldbraun rösten und auf Küchenkrepp abtropfen lassen.

Crème fraîche mit Zitronensaft und den Gewürzen abschmecken, mit Käse und Ananas mischen. Salatblätter in eine Schüssel geben, Salat einfüllen und mit Mandelstiften bestreuen.

Tomatensalat mit frittiertem Mozzarella

75 g Mehl

1 Ei

110 ml Prosecco

Salz

Pfeffer aus der Mühle

1 Knoblauchzehe

2 Bund Basilikum

1/2 unbehandelte Zitrone

1 EL Olivenöl

10 Mini-Mozzarella-Kugeln

100 g Parmaschinken
in hauchdünnen Scheiben

1/2 TL Zucker

Mehl zum Panieren

Sojaöl zum Frittieren

4 große Tomaten

1 EL Essig

2 EL Öl

Mehl mit Eigelb, Prosecco, Salz und Pfeffer glatt rühren, 15 Minuten ruhen lassen. Knoblauch abziehen und durch die Presse drücken. Basilikum abbrausen, trocken tupfen und fein hacken, mit 1/2 TL Zitronensaft und abgeriebener Schale, Olivenöl, Salz, Pfeffer und Knoblauch verrühren.

Käse quer halbieren. Auf eine Hälfte jeweils etwas Basilikum-Paste streichen, die zweite Hälfte darauf setzen. Mit Schinken umhüllen und fest drücken. Eiweiß mit Zucker steif schlagen, unter den Teig heben. Käse zuerst im Mehl wenden, dann durch den Teig ziehen und im heißen Öl 2 Minuten ausbacken.

Tomaten waschen und in dünne Scheiben schneiden. Aus Salz, Pfeffer, Essig und Öl eine Marinade rühren und über die Tomaten geben. Käse auf den Tomatensalat setzen und servieren.

Champignonsalat mit Brunnenkresse

1 Bund Brunnenkresse

100 g rote Zwiebeln

200 g Champignons

4 EL Olivenöl

4 EL Kürbiskernöl

4 EL Balsamico

Salz

Pfeffer aus der Mühle

4 kleine frische Ziegenkäse

2 EL Kürbiskerne

Brunnenkresse verlesen und von den Stielen zupfen. Die Blätter, wenn nötig, waschen und mit Küchenkrepp trocken tupfen. Zwiebeln pellen, längs vierteln und quer in feine Streifen schneiden. Die Haut von den Champignonköpfen abziehen, Stielansätze abschneiden. Champignons in Scheiben schneiden.

Aus beiden Ölen, Balsamico, Salz und Pfeffer eine Vinaigrette rühren. Brunnenkresse und Zwiebeln in der Hälfte der Vinaigrette wenden und auf Portionstellern anrichten. Champignons darüber verteilen.

Ziegenkäse neben dem Salat anrichten und mit der restlichen Vinaigrette beträufeln. Mit Kürbiskernen bestreuen und sofort servieren.

Eiersalat mit Schafskäse

(für 6 Personen)

1 kg junger Lauch
Salz
8 Eier
200 g milder Schafskäse
2 Becher Jogurt
4 TL Curry
1 TL brauner Zucker
1 Kopf Romana-Salat

Lauch putzen, weiße und hellgrüne Teile in etwa 1/2 cm dicke Ringe schneiden. Unter fließendem, kaltem Wasser abspülen und portionsweise in kochendem Salzwasser 2 Minuten blanchieren. Mit einer Schaumkelle herausnehmen und abtropfen lassen.

Eier hart kochen, kalt abschrecken, pellen und erst in Scheiben, dann in Stäbchen schneiden. Schafskäse fein würfeln.

Jogurt mit Curry, Zucker und Salz verrühren. Einige Eistreifen und Käsewürfel beiseite legen zum Garnieren. Den Rest mit dem Lauch und dem Curryjogurt vorsichtig mischen. 20 Minuten zugedeckt ziehen lassen. Romana waschen und trocken schleudern. Eiersalat mir dem Romana anrichten. Mit den beiseite gelegten Eistreifen und Käsewürfeln garnieren.

Spargelsalat grün-weiß-rot

300 g weißer Spargel
150 g grüner Spargel
50 g Schalotten
75 g Brunnenkresse
Salz
3 TL Zucker
1 TL Senf
3 EL Essig
weißer Pfeffer aus der Mühle
6 EL Olivenöl
1 EL Crème fraîche
100 g Kirschtomaten
50 g Parmesan

Vom weißen und grünen Spargel die holzigen Enden abschneiden. Weißen Spargel schälen. Schalotten pellen und fein würfeln. Brunnenkresse waschen, putzen und abtropfen lassen.

In einem breiten Topf wenig Wasser mit Salz und 2 TL Zucker zum Kochen bringen.

Weißen Spargel hineingeben und ca. 8 Minuten bei milder Hitze garen. Dann den grünen Spargel dazugeben und weitere 4 Minuten mitgaren. Beide Spargelsorten mit einer Kelle aus dem Wasser nehmen, nur den grünen kalt abschrecken, beide gut abtropfen lassen. Spargelwasser abkühlen lassen. Spargel schräg in 3 cm große Stücke schneiden.

Schalottenwürfel mit Senf, Essig, Salz, Pfeffer, dem restlichen Zucker, 75 ml Spargelwasser und Olivenöl verrühren und in

eine große Schüssel gießen. Spargelstücke in die Vinaigrette geben und mindestens 15 Minuten durchziehen lassen. 3 EL von der Vinaigrette mit der Crème fraîche verrühren.

Kirschtomaten vierteln und mit Spargelstücken und Brunnenkresse auf Tellern anrichten. Mit der restlichen Vinaigrette und Crème fraîche beträufeln. Parmesan frisch darüber hobeln.

Tomaten-Carpaccio

(für 6 Personen)

2 Sardellenfilets

2 TL Senf

2 EL Essig

Pfeffer aus der Mühle

8 EL Olivenöl

2 Schalotten

5 grüne Oliven

5 schwarze Oliven

1 EL Kapern

1 TL frische Thymianblättchen

1 Mozzarella

4 Scheiben Toastbrot

1 Knoblauchzehe

750 g Fleischtomaten

Sardellenfilets mit dem Senf in einer kleinen Schüssel zerdrücken, dann Essig, Pfeffer und zum Schluss 4 EL Olivenöl hineinrühren. Schalotten pellen, mit Oliven, Kapern und Thymian fein hacken. Mozzarella fein würfeln.

Knoblauch pellen, in Scheiben schneiden. Toastbrot entrinden, mit den Händen zerkrümeln. In einer Pfanne das restliche Olivenöl mit dem Knoblauch erhitzen, Knoblauch herausnehmen, Toastkrümel hineingeben und unter ständigem Rühren goldbraun und knusprig braten. In einem mit Küchenkrepp ausgelegten Sieb abtropfen lassen.

Tomaten waschen und in dünne Scheiben schneiden, auf einer Platte anrichten. Mit der Vinaigrette beträufeln, dann mit dem Olivengemisch und den Mozzarellawürfeln bestreuen. Zum Schluss die knusprigen Brösel darüber streuen.

Erbsensalat mit Tomatentoast

600 g Erbsen
Salz
½ Bund Frühlingszwiebeln
1 kleiner Eisbergsalat
1 Bund Petersilie
5 EL Essig
2 TL Zucker
schwarzer Pfeffer aus der Mühle
10 EL Olivenöl
1 ital. Brot (ca. 500 g)
4 Knoblauchzehen
4 Tomaten
200 g Fontina
in dünnen Scheiben
200 g durchwachsener Speck
8 große Basilikumblätter

Erbsen unaufgetaut in kochendes Salzwasser geben, einmal aufkochen, dann abschütten, abschrecken und gut abtropfen lassen. Frühlingszwiebeln waschen, putzen und in dünne Ringe schneiden. Eisbergsalat in dünne Streifen schneiden. Petersilie grob hacken. Erbsen, Zwiebelringe, Petersilie und Salat in einer Schüssel mischen. Aus Essig, Zucker, Salz, Pfeffer und 7 EL Olivenöl eine Vinaigrette rühren.

Brot halbieren und beide Hälften wie einen Tortenboden aufschneiden. Knoblauch pellen und durch die Presse drücken, mit dem restlichen Olivenöl mischen. Brotscheiben auf den Schnittflächen gleichmäßig damit bestreichen.

Tomaten waschen und in Scheiben schneiden. Käse entrinden. Speckscheiben in einer Pfanne bei starker Hitze auf einer Seite 3 Minuten knusprig braten. Brotscheiben unter dem Grill oder bei starker Oberhitze leicht anrösten. Dann die Speckscheiben mit der gebratenen Seite nach unten, die Tomatenscheiben und zum Schluss die Fontinascheiben darauf verteilen. Mit Pfeffer bestreuen und unter dem Grill 5 Minuten goldbraun überbacken. In der Zwischenzeit den Salat mit der Vinaigrette mischen.

Brote mit Basilikumblättern garnieren und zum Salat servieren.

Suppen

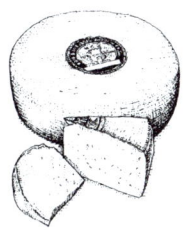

Riesling-Käse-Suppe

1 Zwiebel
1 Knoblauchzehe
1 Stange Lauch
30 g Butter
2 Kartoffeln
1 l heiße Hühnerbrühe
⅛ l Riesling
⅛ l Sahne
50 g geriebener Emmentaler
50 g geriebener Tilsiter
Salz
weißer Pfeffer aus der Mühle
150 g TK-Blätterteig
Mehl zum Ausrollen
1 Ei
50 g Sesamsamen

Zwiebel und Knoblauch schälen und klein würfeln. Lauch putzen und klein schneiden. Butter in einem Topf zerlassen, Zwiebel, Knoblauch und Lauch darin anschwitzen. Kartoffeln schälen und würfeln, in den Topf geben, mit der Brühe aufgießen und kochen, bis die Kartoffelwürfel zerfallen. Suppe pürieren, Weißwein, Sahne und Käse einrühren, mit Salz und Pfeffer abschmecken.

Backofen auf 200 °C vorheizen. Blätterteig 2 mm dick ausrollen, mit einem Ausstecher Taler ausstechen und auf ein mit kaltem Wasser abgespültes Blech setzen. Eine Stunde ruhen lassen. Ei verquirlen und die Taler damit einpinseln, mit Sesam bestreuen und im Backofen goldbraun backen.

Zum Servieren die Suppe kurz erhitzen, in Teller füllen und die Blätterteig-Taler auf die Suppe setzen.

Zwiebelsuppe mit Sonnenblumen-Croûtons

4 große Gemüsezwiebeln
2 EL Butter
$\frac{1}{2}$ l heiße Fleischbrühe
$\frac{1}{4}$ l Weißwein
$\frac{1}{2}$ TL gemahlener Kümmel
Salz
Pfeffer aus der Mühle
60 g Sonnenblumenkerne
8 Scheiben Baguette
100 g geriebener Gruyère

Zwiebeln schälen, in dünne Scheiben schneiden. Butter in einem Topf zerlassen, Zwiebeln darin glasig dünsten. Fleischbrühe und Wein angießen, mit dem Kümmel würzen, 5 Minuten köcheln lassen, mit Salz und Pfeffer abschmecken. Sonnenblumenkerne in einer Pfanne ohne Fett rösten.

Baguettescheiben kräftig antoasten.

Suppe auf 4 feuerfeste Suppentassen verteilen, jeweils 2 Scheiben Baguette darauf legen, mit Käse und den Sonnenblumenkernen bestreuen. Unter dem vorgeheizten Grill goldbraun gratinieren.

Brokkoli-Käse-Suppe

700 g Brokkoli
100 g Butter
1 EL Currypulver
1 Zwiebel
$1\frac{1}{2}$ l heiße Gemüsebrühe
4 Kartoffeln
4 Karotten
1 Tasse Milch
2 EL Crème fraîche
350 g alter Gouda
Cayennepfeffer

Brokkoli putzen, in Röschen teilen und waschen. Stiele in Scheiben schneiden. Zwiebel pellen und fein hacken. Karotten waschen, schälen und in Scheiben schneiden. Kartoffeln waschen, schälen und würfeln.

Butter in einem Topf zerlassen und die Zwiebel mit dem Currypulver 5 Minuten darin dünsten. Kartoffeln, Brokkolistiele und Karotten mit der Brühe in den Topf geben. Zugedeckt ca. 25 Minuten garen. Die Hälfte der Suppe pürieren und wieder mit der anderen Hälfte mischen. Suppe wieder erhitzen und die Brokkoliröschen, Milch und Crème fraîche hinzufügen. Offen köcheln lassen, bis die Brokkoliröschen gar, aber noch bissfest sind. Käse reiben, in die Suppe geben und schmelzen lassen. Suppe in Suppentassen füllen und mit Cayennepfeffer bestäubt servieren.

Hühnerbouillon mit Ricotta-Tortellini

Für die Bouillon:
1 Suppenhuhn
¼ Sellerieknolle
3 Möhren
3 Zwiebeln
2 Lorbeerblätter
2 TL Pfefferkörner
2 TL Salz

Für die Tortellini:
100 g Mehl
1 Ei
Salz
1 EL Olivenöl
1 TL abgeriebene Schale
einer unbehandelten Orange
100 g Parmesan
2 Scheiben Toastbrot
5 EL Milch
1 Eigelb
100 g Ricotta
Pfeffer
Muskat

Sellerie und Möhren putzen und in Stücke schneiden. Zwiebeln schälen, würfeln. Huhn mit Sellerie, Möhren, Zwiebel, Lorbeer, Pfefferkörnern und Salz in einem Topf mit Wasser bedecken, aufkochen, bei milder Hitze 4 Stunden ziehen lassen. Abschäumen und durch ein Sieb gießen.

Für den Teig Mehl, Ei, 1 Prise Salz, Öl und Orangenschale verkneten. 30 Minuten ruhen lassen.

Hühnerfleisch häuten, Fleisch von den Knochen lösen und würfeln. 100 g Hühnerfleisch abwiegen, den Rest für Geflügelsalat o.Ä. beiseite stellen. 30 g Parmesan reiben. Toastbrot in Milch einweichen, ausdrücken. Mit Fleisch, Eigelb, Ricotta und Parmesan vermengen, mit Salz, Pfeffer und Muskat würzen. Teig 2 mm dünn ausrollen und mit einem Teigroller in 5 cm große Quadrate schneiden.

Jeweils ¼ TL Füllung in die Mitte geben und ca. 40 Tortellini formen. Dazu die Quadrate zusammenklappen und die schmalen Enden nach innen biegen. Ein Drittel der Bouillon erhitzen, Tortellini darin garen.

Zum Servieren die Bouillon erhitzen, mit den Tortellini anrichten, mit hauchdünn gehobeltem Parmesan bestreuen.

Irische Lauchsuppe mit Cheddar

(für 8–10 Personen)

800 g Lauch
100 g Staudensellerei
125 g Zwiebeln
1 EL Butter
2 l heiße Gemüsebrühe · Salz
Pfeffer aus der Mühle
Muskat · 150 g Cheddar

Lauchstangen und Sellerie putzen und waschen. Zwiebeln schälen. Alles in ½ cm große Stücke schneiden. Butter in einem großen Topf zerlassen, Zwiebel- und Selleriewürfel darin andünsten. Lauch und Brühe zufügen. Zugedeckt ca. 10 Minuten köcheln lassen.

Gemüse in der Suppe pürieren. Mit den Gewürzen abschmecken. Cheddar fein

reiben und in einem Schälchen separat zur Suppe reichen.

Zwiebelsuppe mit Reblochon

1 kg Gemüsezwiebeln

2 Knoblauchzehen

50 g Butter

1/4 l Cidre oder Apfelwein

1 l heiße Fleischbrühe

Salz

schwarzer Pfeffer aus der Mühle

Cayennepfeffer

1 TL Majoran

8 kleine Scheiben Baguette

200 g Reblochon

Zwiebeln schälen und in dünne Ringe schneiden. Knoblauchzehen schälen und in Scheibchen schneiden. Butter in einem großen Topf erhitzen, Zwiebeln und Knoblauch darin anbraten. Mit Cidre und Fleischbrühe ablöschen, mit Salz, Pfeffer, Cayennepfeffer und Majoran abschmecken. Zugedeckt 20 Minuten bei mittlerer Hitze kochen lassen.

Backofen auf 225 °C vorheizen. Baguettescheiben im Toaster anrösten. Reblochon entrinden und in Scheiben schneiden. Suppe noch einmal abschmecken und in ofenfeste Suppenschalen füllen, mit Brot und Käse bedecken. Im Backofen ca. 10 Minuten überbacken, bis der Käse eine leichte Kruste hat.

Tomatensuppe mit Käsecroûtons

2 Zwiebeln

1 Knoblauchzehe

1/2 Bund Frühlingszwiebeln

1 Bund Suppengrün

30 g getrocknete Tomaten in Öl

2 EL Olivenöl

1 EL Ketchup

1 Lorbeerblatt

1/4 TL Cayennepfeffer

600 ml heiße Gemüsebrühe

Salz

1 Prise Zucker

500 g reife Tomaten

1 Msp. Zimt

3 Stängel glatte Petersilie

4 Scheiben Vollkorntoast

20 g Butter · 60 g Gruyère

Zwiebeln schälen, in schmale Spalten schneiden. Knoblauch pellen, ebenfalls in Scheiben schneiden. Frühlingszwiebeln putzen, Zwiebelknollen vierteln, das Grün schräg in Ringe schneiden.

Suppengrün putzen und fein schneiden. Getrocknete Tomaten in Streifen schneiden. 2 EL Öl von den getrockneten Tomaten mit dem Olivenöl sanft erhitzen. Alle vorbereiteten Zutaten darin andünsten, Ketchup, Lorbeer und Cayennepfeffer unterrühren. Mit der Gemüsebrühe ablöschen und mit Salz und Zucker würzen.

Zugedeckt 15 Minuten bei geringer Hitze köcheln lassen. In der Zwischenzeit Tomaten waschen, Stielansätze herausschneiden und die Tomaten achteln. Tomaten in die Suppe

geben und weitere 10 Minuten zugedeckt garen. Petersilienblättchen abzupfen und mit dem Zimt zur Suppe geben, weitere 5 Minuten ziehen lassen.

Brot toasten, diagonal halbieren, mit Butter bestreichen, mit grob geraspeltem Gruyère bestreuen. Unter den vorgeheizten Grill schieben, bis der Käse geschmolzen ist. Croûtons zur Suppe reichen.

Basilikumsuppe mit Ziegenkäse

1 dickes Bund Basilikum
4 Frühlingszwiebeln
1 Knoblauchzehe
2 EL Butter
3 EL Milch
1 EL Mehl
125 ml Weißwein
1 l heiße Gemüsebrühe
2 Ziegenfrischkäse
1 EL Olivenöl
125 ml Crème fraîche
mit Kräutern
100 ml Sahne
Salz
Pfeffer aus der Mühle

Basilikum vorsichtig waschen, mit Küchenkrepp abtupfen, einige Blättchen zum Garnieren beiseite legen. Den Rest grob hacken. Frühlingszwiebeln putzen, waschen und in Scheiben schneiden. Knoblauch pellen und durch die Presse drücken. 1 EL Butter in einer Pfanne erhitzen, das Grün der Frühlingszwiebeln darin andünsten, herausnehmen. Mit Basilikum und Milch pürieren.

Restliche Butter in der Pfanne erhitzen, Zwiebelscheiben und Knoblauch darin andünsten, mit Mehl bestäuben und unter Rühren anschwitzen. Mit Wein ablöschen und so lange weiter rühren, bis der Alkohol verkocht ist.

Brühe angießen, Suppe bei milder Hitze 10 Minuten kochen lassen. In der Zwischenzeit den Käse waagrecht durchschneiden, Olivenöl erhitzen und den Käse darin von beiden Seiten goldbraun braten.

Suppe mit Crème fraîche und Sahne verrühren und würzen. Basilikum-Zwiebel-Püree unterziehen. Suppe vor dem Servieren noch einmal erhitzen, aber nicht mehr kochen. Auf jeden Teller eine Scheibe Käse geben und die Suppe vorsichtig dazugießen. Mit den Basilikumblättchen garniert servieren.

Tomaten-Consommé mit Pecorino-Klößchen

(für 8 Personen)

Für die Consommé:
1,5 kg Kalbsknochen
(klein gehackt)
Salz
1 Bund Suppengrün
300 g Beinscheibe vom Rind
200 g Zwiebeln (ungeschält,
in grobe Stücke geschnitten)
2 Dosen geschälte Tomaten
(à 800 g)
2 Lorbeerblätter
20 schwarze Pfefferkörner
200 g Rinderhack
3 Eiweiß
20 Basilikumblättchen
2 Fleischtomaten

Für die Klößchen:
150 ml Milch
30 g Butter
Salz
80 g Mehl
2 Eier
80 g Pecorino
1 EL gehacktes Basilikum

Kalbsknochen in reichlich kochendem Wasser blanchieren, in ein Sieb schütten und zuerst heiß, dann kalt abspülen. Danach die Knochen in einem großen Topf mit 3,5 l Wasser und 1 EL Salz zum Kochen bringen. Schaum mit der Schaumkelle abschöpfen und die Hitze reduzieren, damit der Fond leise kocht.

Nach 30 Minuten Kochzeit das grob geschnittene Suppengrün, die Beinscheibe, Zwiebeln, 1 Dose Tomaten, Lorbeer und die Pfefferkörner in den Topf geben. Fond weitere 3 Stunden leise köcheln lassen. Zwischendurch immer wieder den Schaum abschöpfen. Zum Schluss den Fond durch ein feines Sieb passieren und auf Zimmertemperatur abkühlen lassen.

Rinderhack, 1 Dose Tomaten, Eiweiß und 10 Basilikumblättchen mischen und in die abgekühlte Brühe geben. Bei mittlerer Hitze langsam aufkochen lassen, nicht sprudelnd kochen. Von der Kochstelle nehmen und 30 Minuten ziehen lassen. Danach die Consommé vorsichtig mit einer Kelle durch ein mit einem Mulltuch ausgelegtes Sieb gießen. Das muss sehr langsam geschehen, sonst wird die Consommé nicht klar. Eventuell mit etwas Salz abschmecken.

Für die Klößchen die Milch mit der Butter und etwas Salz aufkochen, Mehl auf einmal dazugeben und mit einem Kochlöffel so lange kräftig rühren, bis sich auf dem Topfboden ein weißer Belag bildet und sich die Masse als Kloß vom Topfboden löst. Kloß in eine Schüssel geben und 5 Minuten abkühlen lassen.

Eier nacheinander unter die Masse rühren, Pecorino auf der Reibe fein reiben und mit dem gehackten Basilikum unter die Brandteigmasse heben.

In einem flachen Topf Wasser mit etwas Salz zum Kochen bringen. Mit einem Teelöffel von der Masse Klößchen abstechen, portionsweise in das kochende Wasser gleiten lassen und 4 Minuten bei milder Hitze garen. Die fertigen Klößchen mit der Schaumkelle herausnehmen und abschrecken. Gut abtropfen lassen.

Fleischtomaten überbrühen, häuten, vierteln und entkernen. Tomaten fein würfeln. Die restlichen Basilikumblättchen in feine Streifen schneiden.

Zum Anrichten die Klößchen in etwas Consommé erwärmen und mit den Tomatenwürfeln und Basilikumstreifen in vorgewärmte Suppentassen geben, mit der heißen Suppe begießen.

Knoblauchsuppe mit Parmesan

(für 6 Personen)

1 große Knoblauchknolle
150 g Zwiebeln
40 g Butter
800 ml heiße Brühe
$1/2$ l Sahne
2 EL Weißweinessig
Salz
weißer Pfeffer aus der Mühle
2 Eigelb
100 g Parmesan
2 EL Schnittlauchröllchen

Backofen auf 200 °C vorheizen. Knoblauchknolle ungeschält im heißen Backofen auf der mittleren Einschubleiste 30 Minuten garen. Zwiebeln schälen, fein würfeln. Butter in einem Topf schmelzen, Zwiebel darin andünsten, Brühe angießen und 25 Minuten zugedeckt leise köcheln lassen.

Inzwischen die etwas abgekühlte Knoblauchknolle aufbrechen und die Zehen aus ihren Häuten drücken. Knoblauch in die Suppe geben und pürieren. Sahne angießen und kurz aufkochen lassen. Suppe mit Essig, Salz und Pfeffer abschmecken. Etwas Suppe in eine Tasse geben und die beiden Eigelb darin verquirlen, dann mit dem Schneebesen unter die nicht mehr kochende Suppe rühren. Die Suppe sollte jetzt nicht mehr aufgekocht werden, da sonst das Eiweiß flockt.

Suppe in vorgewärmte Teller geben, mit frisch geraffeltem Parmesan und Schnittlauch bestreut servieren.

73

Italienische Gemüsesuppe

(für 6 Personen)

200 g Zwiebeln
5 Knoblauchzehen
175 g Staudensellerie
175 g Möhren
350 g Weißkohl
300 g frische Steinpilze
(oder Champignons)
5 EL Olivenöl
Salz
Pfeffer
500 g kleine Tomaten
3 EL Tomatenmark
450 g italienisches Weißbrot
je 2 Stiele Basilikum,
Petersilie und Salbei
150 g frisch geriebener
Parmesan

Zwiebeln fein würfeln, Knoblauch zerdrücken. Staudensellerie, Möhren und Steinpilze in $1/2$ cm dicke Scheiben, Weißkohl in 2 cm große Stücke schneiden. Zwiebeln, Knoblauch, Sellerie, Möhren und Weißkohl in 4 EL Olivenöl leicht anbräunen. Mit 1 l Wasser auffüllen, salzen, pfeffern, 15 Minuten leise kochen. Tomaten überbrühen, enthäuten und halbieren. Nach Ende der Garzeit das Tomatenmark in das Gemüse rühren, Tomatenstücke und Steinpilze dazugeben, weitere 5 Minuten kochen.

Das Brot in 12 Scheiben schneiden, unterm Grill goldbraun rösten. Brotscheiben in einer Schüssel verteilen. Basilikum, Petersilie und Salbei fein hacken, unter die Suppe mischen. Auf die Brotscheiben in die Schüssel füllen. Mit Parmesan und Olivenöl zum Beträufeln servieren.

Legierte Käsesuppe mit Crostini

8 Scheiben Toastbrot
70 g Butter
2 EL Öl
400 g Raclette-Käse
1 Bund Schnittlauch
30 g Schalotten
125 ml Weißwein
600 ml Milch
Salz
weißer Pfeffer aus der Mühle
3 Eigelb

Brotscheiben mit einem runden Ausstecher (6 cm Durchmesser) zuerst zu Talern, dann zu Halbmonden ausstechen. 20 g Butter mit dem Öl in einer großen Pfanne erhitzen. Weißbrot-Halbmonde darin von beiden Seiten goldbraun braten, auf Küchenkrepp abtropfen lassen.

Käse entrinden und würfeln, Schnittlauch in 1 cm lange Röllchen schneiden. Schalotten schälen und fein würfeln. Die restliche Butter in einem Topf erhitzen, Schalottenwürfel darin glasig dünsten. Mit Weißwein ablöschen und einkochen lassen. Käsewürfel mit der Milch dazugeben und unter Rühren schmelzen lassen.

Suppe ca. 3 Minuten pürieren. Herzhaft mit Salz und Pfeffer würzen. Zuletzt das Eigelb unterrühren. Vorsichtig erhitzen,

aber nicht mehr kochen lassen, damit das Eigelb nicht flockt.

Käsesuppe in vorgewärmten Suppentellern anrichten und jeweils 2 Crostini hinein setzen, mit Schnittlauch und Pfeffer bestreut servieren.

Überbackene Lauchsuppe

500 g Lauch
20 g Butter
3/4 l heiße Gemüsebrühe
Salz
weißer Pfeffer aus der Mühle
125 ml Sahne
4 dünne Scheiben dunkles Brot
4 EL geriebener Emmentaler
1 EL Schnittlauchröllchen

Lauch putzen, waschen und in dünne Scheiben schneiden. Butter in einem Topf erhitzen, Lauch darin andünsten, Brühe angießen. Mit Salz und Pfeffer würzen und 10 Minuten bei schwacher Hitze garen. Sahne unterrühren.

Backofen auf 220 °C vorheizen. Brot toasten. Suppe in 4 ofenfeste Suppentassen füllen und jeweils mit einer Scheibe Brot belegen. Je 1 EL Käse auf die Brotscheiben geben und im Backofen überbacken. Zum Servieren mit Schnittlauch bestreuen.

Italienische Selleriesuppe

1 Zwiebel
500 g Knollensellerie
8 EL Olivenöl
800 ml heiße Hühnerbrühe
100 g italienisches Weißbrot
6 EL frisch geriebener
Parmesan
1 Bund glatte Petersilie
1 Hand voll Sellerieblätter
Salz
weißer Pfeffer aus der Mühle
Muskat
200 ml Sahne

Zwiebel abziehen und fein würfeln. Sellerieknollen waschen, schälen und grob würfeln. 3 EL Olivenöl in einer Pfanne erhitzen, beides darin andünsten. Mit heißer Hühnerbrühe ablöschen und 10 Minuten bei mittlerer Hitze kochen lassen.

Weißbrot entrinden, zwei Drittel davon grob würfeln, in die Suppe geben und weitere 10 Minuten kochen. 4 EL Parmesan hineinrühren und die Suppe etwas abkühlen lassen.

Petersilie und Sellerieblätter waschen, Petersilienblätter abzupfen. Suppe pürieren und mit Salz, Pfeffer und Muskat abschmecken. Drei Viertel der Suppe beiseite stellen, den Rest mit den Kräutern fein pürieren. Das übrige Weißbrot klein würfeln

und im restlichen Olivenöl daraus knusprige Croûtons rösten.

Die helle Suppe mit Sahne aufkochen, dann die grüne Suppe leicht erwärmen. Helle Suppe auf 4 Suppentassen verteilen, dann die grüne Suppe in die Mitte gießen. Mit den Brotwürfeln garnieren und mit dem übrigen Parmesan bestreut servieren.

Holländische Käsesuppe

2 Zwiebeln
1 Stange Lauch
5 EL Butter
2 EL Mehl
1 l heiße Gemüsebrühe
250 g Maasdamer
1 Prise Muskat
weißer Pfeffer aus der Mühle
4 Scheiben Toastbrot

Zwiebeln schälen und in Ringe schneiden. Lauch putzen, waschen und in Ringe schneiden. Einige Lauchringe beiseite legen. 3 EL Butter in einem Topf erhitzen, Zwiebeln und Lauch darin goldgelb dünsten. Mehl darüber stäuben und kurz anschwitzen, unter Rühren die Brühe zugießen, aufkochen lassen und bei schwacher Hitze etwa 20 Minuten köcheln lassen. Gelegentlich umrühren.

Käse reiben, in die Suppe geben und schmelzen lassen, Suppe nicht mehr kochen. Mit Muskat und Pfeffer abschmecken. Toastbrot in kleine Würfel schneiden. Restliche Butter in einer Pfanne erhitzen, Brotwürfel darin goldbraun braten.

Käsesuppe auf Suppentellern anrichten und mit Lauchringen und Brotwürfeln garniert servieren.

Waliser Käsesuppe

200 g Emmentaler
200 g Toastbrot
250 ml heiße Gemüsebrühe
2 Zwiebeln · 1 EL Mehl
3 EL Butterschmalz
1 Bund gemischte frische Kräuter
250 ml Weißwein
Salz
weißer Pfeffer aus der Mühle
Muskat

Käse fein reiben, Weißbrot entrinden und klein würfeln. Weißbrotwürfel in eine Schüssel geben und mit der heißen Brühe übergießen. 10 Minuten ziehen lassen. Zwiebeln schälen, halbieren und in dünne Ringe schneiden. Mit Mehl bestäuben, im heißen Fett goldbraun braten. Kräuter abbrausen, trocken tupfen und fein hacken.

Weißbrotmasse durch ein Sieb passieren, mit Wein verrühren, dann aufkochen. Käse

dazugeben und so lange rühren, bis der Käse geschmolzen ist. Suppe mit Salz, Pfeffer und Muskat abschmecken.

Heiße Suppe in vorgewärmte Suppentassen füllen, Kräuter darüber streuen, mit Zwiebeln garnieren.

Provenzalische Bohnensuppe mit Basilikumcreme

(für 8 Personen)

250 g weiße getrocknete
Bohnen
1 kg dicke Bohnen
500 g grüne Bohnen
2 große Kartoffeln
2 Tomaten
500 g Zucchini
2 Stangen Lauch
1 Staude Sellerie
Salz
weißer Pfeffer aus der Mühle
100 g Makkaroni

Für die Creme:
2 Tomaten
5 Knoblauchzehen
2 Bund Basilikum
100 g Gruyère
5 EL Olivenöl

Die weißen Bohnen über Nacht in kaltem Wasser einweichen.

Die eingeweichten Bohnen mit 3 l Wasser und dem Einweichwasser zum Kochen bringen. 2 Stunden garen.

Die dicken Bohnen aus den Schoten lösen und häuten. Grüne Bohnen waschen, putzen und halbieren. Kartoffeln schälen, in kleine Würfel schneiden und mit Wasser bedeckt beiseite stellen. Stielansätze der Tomaten herausschneiden, Haut einritzen, überbrühen, häuten. Zucchini waschen, putzen und in 1 cm dicke Scheiben schneiden. Lauch waschen, putzen und das Weiße und Hellgrüne der Stangen in Scheiben schneiden. Das zarte Innere des Staudensellerie fein würfeln. Ein paar Blätter beiseite legen.

Nach Ablauf der Kochzeit für die weißen Bohnen die Kartoffelwürfel, die dicken Bohnen, Lauch, Staudensellerie und die Tomaten dazugeben. Eine weitere Stunde zugedeckt bei milder Hitze garen. Salzen und pfeffern.

Dann die grünen Bohnen, Zucchinischeiben und Makkaroni zugeben und weitere 15 Minuten offen kochen lassen. Eventuell nachwürzen. Sollte die Suppe zu dick sein, kann man etwas Wasser zugeben.

Für die Basilikumcreme die Tomaten unter dem vorgeheizten Grill von jeder Seite 3 Minuten garen, häuten, entkernen und zerdrücken. Knoblauchzehen abziehen und

durch die Presse drücken. Basilikumblätter von den Stielen streifen. Gruyère fein reiben.

Knoblauch, Tomaten, Basilikum und Käse im Mörser zerstampfen oder pürieren. Nach und nach das Öl zugeben. Zum Schluss 3 EL Brühe aus der Suppe unter das Pistou ziehen.

Zum Servieren jeweils 1 EL Pistou auf einen Suppenteller geben und die Suppe darüber schöpfen. Mit Sellerieblättchen garniert servieren.

Kefir-Kaltschale mit Basilikum und Knoblauchcroûtons

1 Zwiebel
150 g Salatgurke
2 Bund Basilikum
1 l Kefir
1 ½ EL Zitronensaft
Salz
Pfeffer aus der Mühle
1 Prise Zucker
3 Scheiben Toastbrot
3 Knoblauchzehen
1 EL Öl
40 g Butter

Zwiebel pellen und würfeln. Gurke waschen, ungeschält längs halbieren, entkernen und fein würfeln. Basilikumblätter fein hacken. Basilikum in den Kefir geben und fein pürieren. Gurkenwürfel in den Kefir geben, mit Zitronensaft, Salz, Pfeffer und Zucker würzen, kalt stellen.

Toastbrot entrinden und in kleine Würfel schneiden. Knoblauchzehen pellen und durch die Presse drücken. Öl und Butter in einer Pfanne erhitzen, Toastbrot und Knoblauch darin goldbraun braten.

Die kalte Kefirsuppe in Portionsteller füllen, mit Croûtons bestreuen und servieren.

Italienische Wirsingsuppe mit Käse

(für 6 Personen)
1 mittelgroßer Wirsing
12 Scheiben Weißbrot
100 g Speck in Scheiben
250 g Fontina in Scheiben
1 l heiße Fleischbrühe
1 Prise Zimt · 25 g Butter
schwarzer Pfeffer aus der Mühle

Kohl waschen und 15 Minuten in reichlich Salzwasser kochen, gut abtropfen lassen und die Blätter ablösen. Speck in einer Pfanne ohne Fett auslassen und kräftig anbraten. Brot toasten. Den Boden einer feuerfesten Form mit 4 Scheiben Brot auslegen, die Hälfte der Wirsingblätter, des Specks und der Käsescheiben darüber schichten. Mit 4 weiteren Brotscheiben ab-

decken und die übrigen Zutaten Schicht für Schicht darauf geben. Zum Schluss mit den restlichen Brotscheiben abdecken.

Backofen auf 180 °C vorheizen. Fleischbrühe mit Zimt und Pfeffer abschmecken, erhitzen und über das Brot gießen. Im Backofen 30 Minuten backen. Kurz aus dem Ofen nehmen und die Butter in Flöckchen darüber streuen. Noch einmal 20 Minuten überbacken. Sehr heiß servieren.

Bunte Gemüsesuppe

(für 6 Personen)

350 g Brokkoli
350 g Blumenkohl
350 g frische Erbsen
in der Schale
300 g Möhren
300 g grüne Bohnen
200 g Kartoffeln
800 ml Rinderfond
50 g Butter
Salz
weißer Pfeffer aus der Mühle
Muskat
2 Bund glatte Petersilie
1 Bund Bohnenkraut
100 g frisch geriebener Parmesan

Brokkoli und Blumenkohl putzen und in kleine Röschen zerpflücken. Erbsen palen. Möhren dünn schälen und in Scheiben schneiden. Bohnen putzen und halbieren. Kartoffeln schälen, in Scheiben schneiden und mit Wasser bedeckt zur Seite stellen.

Rinderfond in einen Topf geben, mit der doppelten Menge Wasser auffüllen und zum Kochen bringen. Möhrenscheiben und Bohnen 8 Minuten in der kochenden Brühe im geschlossenen Topf garen. Mit der Schaumkelle herausnehmen und zur Seite stellen. Brokkoli- und Blumenkohlröschen 6 Minuten in der Brühe garen und ebenfalls herausnehmen. Brühe abschäumen.

Kartoffelscheiben abtropfen lassen und in der Brühe in ca. 10 Minuten weich kochen. Kartoffeln in der Brühe mit dem Schneidestab pürieren. Butter zugeben und die Suppe mit Salz, Pfeffer und Muskat würzen. Petersilienblätter und Bohnenkrautblätter von den Stielen streifen und grob hacken,

Das vorgegarte Gemüse und die Erbsen in die Suppe geben und einmal kurz aufkochen. Die Suppe von der Kochstelle nehmen und die Kräuter unterheben. Mit Parmesan bestreut servieren.

Holländische Kartoffelsuppe

750 g Kartoffeln
1 Zwiebel
1 Knoblauchzehe
1 Stange Lauch
1 Karotte
30 g Butter
³/₄ l heiße Gemüsebrühe
¹/₂ l Sahne
Salz
weißer Pfeffer aus der Mühle
125 g Leerdamer
8 Scheiben Baguette

Baguette-Scheiben rösten. Kartoffeln waschen, schälen und würfeln. Zwiebel und Knoblauch pellen und ebenfalls würfeln. Lauch putzen, waschen und in feine Ringe schneiden. Karotte waschen, schälen und ganz lassen.

Butter in einem Topf schmelzen, Kartoffeln, Knoblauch, Zwiebel und Lauch darin andünsten. Brühe angießen und 20 Minuten kochen lassen. Karotte hinzufügen und mitgaren. Karotte herausnehmen und in Scheiben schneiden. Suppe durch ein Sieb passieren und mit der Sahne verrühren. Mit Salz und Pfeffer würzen und noch einmal aufkochen lassen.

50 g Käse in Würfel schneiden und in der Suppe schmelzen. Den restlichen Käse in Scheiben schneiden und auf die Brotscheiben legen. Suppe auf 4 feuerfeste Suppentassen verteilen, Karottenstücke dazugeben und mit den Broten belegen. Unter dem Grill oder bei starker Oberhitze im Backofen gratinieren.

Steinpilz-Kartoffel-Suppe mit Majoran

200 g Steinpilze
400 g Kartoffeln
1 Zwiebel
60 g Butter
700 ml Steinpilzhefebrühe
(Reformhaus)
¹/₄ l Sahne
8 Scheiben Baguette
50 g Raclette-Käse
4 Zweige Majoran
Salz · Pfeffer aus der Mühle
Zucker
1 EL Zitronensaft
einige Tropfen Worcestershiresauce

Steinpilze kurz kalt abbrausen, mit einem Tuch oder Küchenkrepp trocken tupfen und putzen. Stiele herausdrehen. Kartoffeln schälen und würfeln. Zwiebel pellen und würfeln. 30 g Butter im Topf zerlassen. Pilzstiele, Kartoffeln und Zwiebel darin andünsten. Steinpilzhefebrühe und Sahne zugießen. Die Suppe bei milder Hitze im geschlossenen Topf 20 Minuten garen. Backofen auf 220 °C vorheizen.

In der Zwischenzeit die Pilzköpfe in Scheiben schneiden, in der restlichen Butter goldbraun braten und beiseite stellen. Käse grob raspeln. Baguettescheiben damit

Mini-Pizzas
Rezept Seite 39

Die unterschiedlichen Frischkäse-Sorten: Quark, Rahm- und Doppelrahm-
frischkäse, Schichtkäse, körniger Frischkäse

Oben: Sauermilchkäse – links Handkäse, rechts Kochkäse
Unten: Schnittkäse – links Edamer, rechts Butterkäse

Oben: Hartkäse – links Allgäuer Emmentaler, rechts Chester
Unten: Käse mit Außenschimmel – links Brie, rechts Camembert

Oben: Käse mit Innenschimmel – links Weiss-Blau-Käse, rechts Edelpilzkäse
Unten: Gewaschener Käse – links Münster, rechts Limburger

Oben: Riesling-Käse-Suppe, *Rezept Seite 67*
Unten: Allgäuer Kartoffelklöße, *Rezept Seite 38*

Oben: Französisches Knoblauch-Gratin, *Rezept Seite 104*
Unten: Lammrücken mit Edelpilzkäse-Kruste, *Rezept Seite 119*

Chicorée überbacken mit Bergkäse
Rezept Seite 83

bestreuen und im Backofen auf der 2. Einschubleiste von oben 7 Minuten gratinieren.

Majoranblätter von den Stielen zupfen und grob hacken. Einige Blättchen zum Garnieren beiseite stellen. Die Suppe pürieren und mit Salz, Pfeffer, 1 Prise Zucker, Zitronensaft und Worcestershiresauce würzen. Pilze und Majoran unterrühren.

Zum Servieren die Suppe mit den beiseite gelegten Majoranblättchen bestreuen und mit dem gratinierten Brot reichen.

Paprika-Käse-Suppe

1 Zwiebel
1 Knoblauchzehe
1 rote Paprikaschote
1 grüne Paprikaschote
50 g Butter
20 g Mehl
½ l heiße Gemüsebrühe
100 g Kräuter-Schmelzkäse
150 g Crème fraîche
Salz
Paprikapulver, edelsüß
Cayennepfeffer

Zwiebel und Knoblauch pellen und beides fein würfeln. Paprikaschoten halbieren, Kerne und weiße Innenhaut entfernen, gründlich abbrausen und in sehr dünne Streifen schneiden.

Butter in einem Topf erhitzen, Zwiebeln, Knoblauch und Paprika darin andünsten. Gemüse herausnehmen und warm stellen. Mehl in den Topf geben, anschwitzen und mit der Hälfte der Brühe ablöschen. Käse dazugeben und glatt rühren.

Die restliche Brühe angießen und kurz aufkochen lassen. Crème fraîche unterziehen. Mit Salz, Paprika und Cayennepfeffer abschmecken. Zum Schluss die gedünsteten Paprikastreifen in die Suppe rühren.

Auflauf, Gratin, Lasagne & Co.

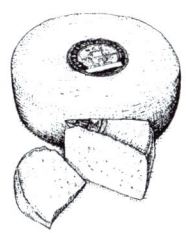

Chicorée überbacken mit Bergkäse

1 kg Chicorée
2 EL Butter
1 EL Mehl
1 TL Anissamen
125 ml Sahne
Salz
weißer Pfeffer aus der Mühle
etwas Muskat
300 g gekochter Schinken
250 g Allgäuer Bergkäse

Chicoréestauden putzen, vorsichtig den Strunk herausschneiden. In kochendem Salzwasser ca. 6 Minuten blanchieren, herausnehmen, abkühlen lassen und in einer flachen Auflaufform dicht nebeneinander anordnen. Backofen auf 180 °C vorheizen.

Butter in einem Topf zerlassen, Mehl und Anis darin anschwitzen und mit 1/4 l Chicoréewasser ablöschen, 10 Minuten köcheln lassen, dann die Sahne hinzufügen, mit Salz, Pfeffer und Muskat kräftig ab-schmecken. Schinken in grobe Streifen schneiden und auf dem Chicorée verteilen. Alles mit der Sahnesauce übergießen und mit dem geriebenen Käse bestreuen.

Im Backofen ca. 20 Minuten überbacken, bis der Käse eine goldgelbe Kruste bildet.

Brokkoli-Blumenkohl-Auflauf

600 g Brokkoli
500 g Blumenkohl
Salz
Fett für die Form
200 g gekochter Schinken
4 Eier
1 EL scharfer Senf
200 ml Sahne
1 EL gekörnte Brühe
Pfeffer aus der Mühle
150 g mittelalter Gouda

Brokkoli und Blumenkohl putzen und in Röschen teilen. Die dicken Stiele abtrennen und würfeln. Stiele in kochendem Salzwasser 2 Minuten garen. Zuerst die Blumenkohlröschen 3 Minuten mitbraten, dann den Brokkoli dazugeben und alles noch 5 Minuten garen. Gemüse abgießen, kalt abschrecken und abtropfen lassen.

Backofen auf 200 °C vorheizen. Zwei kleinere flache Auflaufformen einfetten. Schinken in 1/2 cm große Würfel schneiden. Eier trennen, Eigelb mit Senf und Sahne glatt rühren, mit gekörnter Brühe, Salz und Pfeffer kräftig abschmecken. Käse reiben, die Hälfte davon unterrühren.

Eiweiß steif schlagen und unter die Eigelbmasse ziehen. Zwei Drittel der Masse in die Auflaufformen verteilen, Blumenkohl und Brokkoli abwechselnd darauf setzen, Schinken darüber streuen. Übrige Eimasse darauf verteilen. Mit dem restlichen Käse bestreuen. Im Backofen ca. 25 Minuten überbacken.

Räucherfisch-Gratin

300 g TK-Blattspinat
Fett für die Förmchen
2 geräucherte Forellenfilets
2 EL Zitronensaft
2 EL Balsamico
2 Knoblauchzehen
1 EL Butter
Salz
Pfeffer aus der Mühle
200 g Mozzarella

Spinat auftauen lassen, Grill vorheizen. 4 feuerfeste runde Portionsförmchen einfetten. Forellenfilets halbieren, in Stücke teilen, mit Zitronensaft und Balsamico beträufeln, auf die Förmchen verteilen.

Knoblauch abziehen, durch die Presse drücken. Butter schmelzen, Knoblauch unterrühren. Spinat fein hacken, in der heißen Butter kurz dünsten, salzen und pfeffern. In die Mitte der Förmchen auf die Forellenfilets verteilen. Mozzarella in Scheiben schneiden, darauf legen.

Im Ofen auf oberster Stufe 3 Minuten übergrillen, bis der Mozzarella zerlaufen ist.

Gratinierte Steinpilz-Polenta

$1/_4$ l Steinpilzhefebrühe
(Reformhaus)
75 g Butter
50 g Maisgrieß
etwas Öl zum Bestreichen
450 g Steinpilze
1 Knoblauchzehe
1 Zwiebel
1 Bund Thymian
Salz
Pfeffer aus der Mühle
250 g Bel Paese in Scheiben
einige Tropfen Olivenöl

Brühe mit 25 g Butter aufkochen, Maisgrieß einstreuen und bei milder Hitze so lange rühren, bis sich die Polenta als Brei vom Topfboden löst. 2 Frühstücksteller (ca. 20 cm Durchmesser) leicht mit Öl einpinseln. Polentabrei gleichmäßig darauf verteilen und glatt streichen, abkühlen lassen.

In der Zwischenzeit die Steinpilze kalt abbrausen, mit einem Tuch oder Küchenkrepp trocken tupfen und putzen. 350 g Pilze grob hacken, den Rest in Scheiben schneiden und beiseite legen.

Knoblauch und Zwiebel pellen und fein würfeln. Thymianblättchen von den Stielen zupfen. Einige Blättchen zum Garnieren beiseite stellen. Die restliche Butter in einer Pfanne erhitzen. Pilze, Knoblauch und Zwiebel darin andünsten und anschließend herzhaft salzen und pfeffern. Zuletzt den Thymian unterheben. Steinpilzfarce etwas abkühlen lassen.

Backofen auf 220 °C vorheizen. Einen Polentafladen auf eine Portionsplatte legen und mit Steinpilzfarce bestreichen. Den zweiten Fladen darauf legen und abwechselnd mit Käse- und Pilzscheiben belegen. Die Pilze mit einigen Tropfen Olivenöl beträufeln.

Die Steinpilz-Polenta im vorgeheizten Backofen auf der 2. Einschubleiste von oben 15 Minuten gratinieren, bis der Käse goldbraun zerläuft. Zum Servieren das Gratin mit Thymianblättern bestreuen.

Steinpilz-Lasagne

(für 6 Personen)

200 g Weizenvollkornmehl
Mehl zum Bestäuben
3 Eier
1 EL Olivenöl
Salz
100 g getrocknete Steinpilze
300 g Möhren
1 EL Butter
100 ml Sahne
1 Zwiebel
2 kleine grüne Pfefferschoten
1 Bund Petersilie
1 EL Öl
Fett für die Form
450 g Fontina-Käse
50 g gehackte Pistazienkerne

Mehl, Eier, Olivenöl und Salz zu einem glatten Teig verkneten. Mit Mehl bestäuben und abgedeckt eine Stunde ruhen lassen.

Steinpilze in warmem Wasser einweichen. Möhren putzen, in 4 cm lange Streifen schneiden. Butter in einer Pfanne erhitzen, Möhren darin andünsten, Sahne zugeben und 8 Minuten garen.

Zwiebel schälen. Pfefferschoten halbieren und putzen. Beides würfeln. Pilze abgießen, mit der Petersilie fein hacken. Öl in einer Pfanne erhitzen, Zwiebeln, Pfefferschoten, Pilze und Petersilie kräftig darin anbraten, dann zu den Möhren geben. Vom Käse 8 Scheiben abschneiden (ca. 350 g).

Nudelteig mit dem Wellholz oder der Nudelmaschine 2 mm dick ausrollen, zu Lasagne-Blättern von 6 x 12 cm schneiden, portionsweise in kochendem Salzwasser 6 Minuten garen, auf Küchenkrepp ausgebreitet abtropfen lassen.

Backofen auf 200° C vorheizen. Nudeln abwechselnd mit der Pilz-Möhren-Masse und den Käsescheiben in eine gefettete Auflaufform einschichten, mit einer Nudelschicht abschließen, Pistazien darüber streuen und den restlichen Käse darüber raspeln.

Im Backofen auf der 2. Einschubleiste von unten ca. 40 Minuten backen.

Polenta-Gratin

300 g Maisgrieß
Salz · 500 g Schnittbohnen
250 g Tomaten
500 g Rinderhack · 1 EL Olivenöl
1 EL Kräuter der Provence
schwarzer Pfeffer aus der Mühle
300 g Mozzarella
100 g Emmentaler

Maisgrieß in 1 l kochendes Salzwasser einrieseln lassen, unter Rühren aufkochen, auf ein mit Maisgrieß bestreutes Backblech gießen, glatt streichen. Bohnen putzen, waschen und in Salzwasser 15 Minuten kochen, abgießen. Tomaten waschen und vierteln. Öl in einer Pfanne erhitzen, Fleisch darin krümelig braten, Tomaten, Kräuter

(nach Belieben mehr oder weniger), Salz und Pfeffer dazugeben.

Backofen auf 225 °C vorheizen. Bohnen und Fleisch mischen und in eine gefettete Gratinform geben. Polenta in Rauten schneiden und darauf setzen, Mozzarella zerzupfen, Emmentaler raspeln und beides über das Gratin verteilen. Im Backofen 25 Minuten gratinieren.

Frischkäse-Tarte

Für den Teig:
200 g Mehl
etwas Mehl zum Ausrollen
½ TL Salz
1 gestr. TL Backpulver
100 g Quark
4 EL Milch
4 EL Sonnenblumenöl
Butter für die Form

Für den Belag:
1 grüne Paprikaschote
1 rote Paprikaschote
20 grüne Oliven (gefüllt)
200 g Frischkäse
1 Ei
4 EL Milch
Salz
2 TL eingelegter grüner Pfeffer
schwarzer Pfeffer aus der Mühle
Zitronensaft
3 frische Zweige Majoran
2 TL Olivenöl
1 Tarte-Form
mit 30 cm Durchmesser

Backofen auf 175 °C vorheizen. Mehl in eine Schüssel sieben, mit Salz und Backpulver mischen, die restlichen Teigzutaten dazugeben und rasch zu einem Teig verkneten, so lange weiterkneten, bis der Teig glatt und geschmeidig ist.

Tarte-Form mit Butter einstreichen. Teig in Formgröße ausrollen, Boden und Rand der Form damit auskleiden. Mit einer Gabel mehrmals einstechen und den Boden 10 Minuten vorbacken, abkühlen lassen.

Für den Belag von den Paprikaschoten die Deckel abschneiden, Kerne und weiße Innenhaut herauslösen, waschen und in feine Ringe schneiden. Oliven abtropfen lassen und in Scheiben schneiden. Frischkäse mit dem Ei und der Milch zu einer Creme verrühren, mit Salz, dem abgetropften und zerdrücken grünen Pfeffer, schwarzem Pfeffer und etwas Zitronensaft abschmecken. Majoranblättchen von den Zweigen zupfen, hacken und unter die Creme rühren.

Käsecreme gleichmäßig auf den Tarteboden streichen. Paprikaringe und Olivenscheiben darauf verteilen und mit Öl beträufeln. Im Backofen 40 Minuten backen und heiß servieren.

Salami-Brot-Pizza

1 Glas gefüllte Oliven (35 g)
125 g weiche Butter
10 Scheiben Toastbrot
200 g Zwiebeln
1 Bund Suppengrün
3 EL Butter
125 g italienische Salami
2 TL Oregano
Salz
schwarzer Pfeffer aus der Mühle
10 mittelgroße Tomaten
150 g Mozzarella

Oliven fein hacken und mit der Butter verkneten, die Brotscheiben damit bestreichen und auf ein Backblech setzen. Zwiebeln schälen und fein würfeln. Suppengrün ebenfalls fein würfeln. 3 EL Butter in einer Pfanne erhitzen, zuerst die Zwiebeln darin glasig dünsten, dann das Suppengrün dazugeben und bei milder Hitze 15 Minuten mitdünsten.

Inzwischen die Salami würfeln und zum Schluss in die Pfanne geben. Mit Oregano, Pfeffer und Salz herzhaft würzen. Etwas abkühlen lassen, dann auf die Brotscheiben verteilen.

Backofen auf 200 °C vorheizen. Tomaten waschen, in dicke Scheiben schneiden, auf die Brote legen, pfeffern und salzen. Mozzarella würfeln und darüber streuen. Im Backofen auf der mittleren Einschubleiste 20 Minuten backen. Heiß servieren.

Auberginen-Mozzarella-Auflauf

2 mittelgroße Auberginen
2 EL Mehl
1/4 l Olivenöl
2 Zwiebeln
2 Knoblauchzehen
1/2 Bund glatte Petersilie
250 g Rinderhack
100 g frisch geriebener Parmesan
Salz
schwarzer Pfeffer aus der Mühle
200 g Rigatoni
2 Eier
300 g Mozzarella
700 g reife Tomaten
1 Bund Basilikum

Auberginen waschen, abtrocknen, Stiele und Stielansätze abschneiden, schräg in ca. 1 cm dicke Scheiben schneiden, Scheiben in Mehl wenden. 6 EL Olivenöl in einer Pfanne erhitzen und nach und nach die Auberginenscheiben goldbraun braten, nach Bedarf noch etwas Öl in die Pfanne geben. Gebratene Auberginenscheiben auf Küchenkrepp abtropfen lassen.

Eine Zwiebel und die Knoblauchzehen schälen, Zwiebel grob, Knoblauch fein würfeln. Petersilie waschen, trocken schütteln und fein hacken. 3 EL Öl in einer Pfanne erhitzen, Zwiebel und Knoblauch darin glasig dünsten, Hackfleisch dazugeben und bröselig anbraten. Fleischsaft einkochen lassen. Petersilie und die Hälfte des Parmesan

zum Hackfleisch geben, mit Salz und Pfeffer kräftig abschmecken und beiseite stellen.

Rigatoni in reichlich kochendem Salzwasser bissfest garen, abgießen und gut abtropfen lassen. Eier in 10 Minuten hart kochen, abschrecken und pellen. Eier und Mozzarella in Würfel (ca. 1 x 1 cm) schneiden. Backofen auf 200 °C vorheizen.

Die zweite Zwiebel schälen, klein würfeln. Tomaten überbrühen und abziehen. Stielansatz und Kerne entfernen, Fruchtfleisch in Würfel schneiden. 2 EL Öl in einer Pfanne erhitzen, Zwiebel darin glasig braten, Tomaten dazugeben und einkochen lassen, mit Salz und Pfeffer abschmecken. Basilikum waschen und die Blättchen abzupfen.

Auflaufform mit Öl einpinseln, abwechselnd Auberginenscheiben, Nudeln, Hackfleisch, Mozzarella- und Eiwürfel sowie Tomatensauce hineinschichten. Zwischen die einzelnen Schichten etwas Salz, Pfeffer und Basilikum geben. Mit Auberginenscheiben und Mozzarella abschließen. 30 Minuten im Backofen überbacken. Vor dem Servieren mit dem restlichen Parmesan bestreuen. Stangenweißbrot dazu reichen.

Lauchkuchen mit Cheddar

Für den Teig:
200 g Mehl
etwas Mehl für die Arbeitsfläche
1 gestr. TL Backpulver
1 Prise Salz
1 Ei
100 g Butter

Mehl auf die Arbeitsfläche sieben, eine Vertiefung in die Mitte drücken. Backpulver und Salz darüber streuen. Ei in die Mitte geben und die Butter in Flöckchen auf dem Rand verteilen. Alles rasch zu einem glatten Teig verkneten, in Folie wickeln und eine Stunde im Kühlschrank ruhen lassen.

Für den Belag vom Lauch die ledrigen grünen Blätter und die Wurzeln abschneiden. Stangen der Länge nach halbieren und unter fließendem Wasser gründlich abspülen, dann in fingerdicke Stücke schneiden. Kochschinken in Streifen schneiden. Backofen auf 200 °C vorheizen.

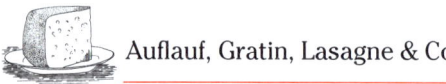

Für den Belag:
500 g Lauch
250 g Kochschinken
20 g Butter
Salz
weißer Pfeffer aus der Mühle
1 Prise Kümmel
200 g saure Sahne
2 Eier
200 g Cheddar

Butter in einem Topf erhitzen, Schinken darin anbraten. Lauch dazugeben und unter Rühren 10 Minuten schmoren. Mit Salz, Pfeffer und Kümmel abschmecken und vom Herd nehmen.

Eine Springform mit etwas Butter einfetten. Teig auf einer bemehlten Arbeitsfläche ausrollen und die Form damit auskleiden, mit einer Gabel mehrfach einstechen und 10 Minuten vorbacken.

Sahne und Eier verquirlen, zum Gemüse geben. Cheddar reiben, zwei Drittel davon unter das Gemüse rühren, anschließend Gemüse auf den Teig in der Springform geben. Mit dem restlichen Käse bestreuen und 30 Minuten überbacken.

Gefülltes Gemüse mit Käse überbacken

1 rote Paprikaschote
1 grüne Paprikaschote
2 gelbe Paprikaschoten
4 große Tomaten

Für die Füllung:
1 Zwiebel
1 Knoblauchzehe
2 EL Olivenöl
400 g Rinderhack
200 g Patnareis
50 g Pinienkerne
Salz
schwarzer Pfeffer aus der Mühle
1 Prise Piment
½ TL getr. Minze
1 Bund glatte Petersilie
80 g Tilsiter
80 g Raclette-Käse
80 g Fontina
80 g Butterkäse
⅛ l heiße Gemüsebrühe

Paprikaschoten halbieren, Stielansätze, Kerne und weiße Innenhaut entfernen, kalt abspülen. Tomaten waschen, Deckel abschneiden, mit einem Löffel entkernen. Paprika möglichst in einem Topf mit Dampfeinsatz 5 Minuten vorgaren.

Für die Füllung Zwieben und Knoblauch schälen und sehr fein würfeln. Olivenöl in einem hohen Topf erhitzen, Zwiebel und Knoblauch darin glasig dünsten. Hackfleisch dazugeben und kräftig anbraten. Reis und Pinienkerne unterheben und kurz mitbraten.

Mit Salz, Pfeffer, Piment und Minze würzen und mit 350 ml Wasser ablöschen. Petersilie abbrausen, trocken schütteln und die Blättchen fein hacken. Zu der Füllung geben und alles zugedeckt bei leichter Hitze 15 Minuten garen.

Backofen auf 225 °C vorheizen. Eine Auflaufform mit etwas Öl einpinseln. Gemüse nebeneinander hineinsetzen und füllen. Käse entrinden, in dünne Scheiben schneiden und auf dem Gemüse verteilen. Brühe angießen.

Im Backofen 15 Minuten überbacken.

Gefüllte Crêpes mit Morbier

Für die Crêpes:
2 Eier
¼ l Milch
100 g Mehl
Salz
Butter zum Ausbacken

Für die Füllung:
300 g zarter Mangold
3 Schalotten
100 g mild geräucherter
Schinken in dünnen Scheiben
50 g Butter
3 EL Cognac
Salz
schwarzer Pfeffer aus der Mühle
etwas Muskat
200 g Morbier
50 g Semmelbrösel

Aus Eiern, Milch, Mehl und einer Prise Salz einen dünnflüssigen Crêpe-Teig rühren. Butter in einer beschichteten Pfanne erhitzen und 8 hauchdünne Crêpes ausbacken, warm stellen.

Für die Füllung den Mangold waschen, putzen, dicke Stängel entfernen. Schalotten schälen und fein würfeln. Fettrand vom Schinken abschneiden und in 1 cm breite Streifen schneiden. Backofen auf 225 °C vorheizen.

20 g Butter in einer Pfanne erhitzen, Schalotten und Mangold darin anbraten, mit dem Cognac ablöschen, mit Salz, Pfeffer und Muskat abschmecken und vom Herd nehmen. Schinkenstreifen unterheben. Käse entrinden und fein hacken. Ein Drittel davon mit Semmelbröseln und 20 g Butter verkneten.

Eine Auflaufform mit der restlichen Butter einpinseln. Crêpes gleichmäßig mit dem Gemüse und dem restlichen Käse füllen, aufrollen und in die Auflaufform setzen. Käse-Brösel-Mischung darauf verteilen und im Backofen 20 Minuten überbacken, bis die Kruste goldbraun ist.

Kartoffelauflauf mit Gouda

1 kg fest kochende Kartoffeln
2 Zwiebeln
1 Knoblauchzehe
500 g große Champignons
1 Bund glatte Petersilie
30 g Butter
⅛ l Weißwein
½ TL Thymian
Salz · schwarzer Pfeffer
aus der Mühle
200 g mittelalter Gouda
150 g Crème fraîche

Kartoffeln waschen und mit Wasser bedeckt 15 Minuten sprudelnd kochen, sie sollten noch fest sein. Abgießen, abschrecken und abkühlen lassen. Zwiebeln schälen und in Ringe schneiden. Knoblauch schälen und fein hacken. Champignons waschen, Stielenden abschneiden und die Pilze in dicke Scheiben schneiden. Petersilie waschen, trocken schütteln und die Blättchen grob hacken.

Butter in einer Pfanne erhitzen, Zwiebeln darin anrösten. Knoblauch und Champig-

nons dazugeben, leicht anbraten. Weißwein angießen und 5 Minuten bei leichter Mittelhitze garen. Backofen auf 200 °C vorheizen.

Pilze mit Thymian, Salz und Pfeffer abschmecken und vom Herd nehmen. Kartoffeln pellen und in Scheiben schneiden. Gouda reiben und mit der Crème fraîche verrühren.

Eine Auflaufform einfetten. Abwechselnd Kartoffeln und Pilze hineinschichten. Käsecreme darauf verteilen und im Backofen 25 Minuten überbacken.

Fenchel-Stilton-Pastete

(für eine Springform mit 26 cm Durchmesser)

1 Pck. TK-Blätterteig (300 g)

500 g Fenchel

200 g geräucherter Schinken in Scheiben

1 Zwiebel

30 g Butter

1/8 l Weißwein

Salz

schwarzer Pfeffer aus der Mühle

2 EL Crème double

Mehl zum Ausrollen

100 g Stilton

1 Eigelb

Blätterteig auftauen lassen. Fenchel putzen, waschen und in dünne Streifen schneiden. Schinken ebenfalls in Streifen schneiden. Zwiebel schälen und würfeln. Butter in einer großen Pfanne erhitzen, Zwiebel darin glasig dünsten. Erst den Schinken, dann den Fenchel dazugeben und unter Wenden anbraten.

Gemüse mit Weißwein ablöschen, mit Salz und Pfeffer würzen. Weiterköcheln, bis alle Flüssigkeit verdunstet ist. Topf vom Herd ziehen, Crème double unterziehen und abkühlen lassen.

Backofen auf 200 °C vorheizen. Auf einer bemehlten Fläche 3 Lagen Blätterteig übereinander legen und etwas größer als die Springform ausrollen. Springform mit kaltem Wasser ausspülen, Boden und Rand mit dem Teig auskleiden. Stilton in erbsengroße Stücke brechen und unter das Gemüse mischen. Gemüse in die Form geben und glatt streichen.

Den übrigen Teig übereinander legen, einen Deckel in Formgröße ausschneiden und auf die Pastete legen. Rand etwas festdrücken. Aus dem übrigen Teig kleine Formen zum Garnieren ausstechen. Eigelb mit 2 EL Wasser verrühren und die Pastete

damit einpinseln. Mit einer Gabel mehrere Löcher in den Deckel stechen, damit der Dampf entweichen kann. Die Teigformen auf die Pastete legen und ebenfalls mit Eigelb bestreichen. Pastete in 35 Minuten im Backofen goldbraun backen. Noch warm in der Form in Stücke schneiden und diese zum Servieren vorsichtig herausheben.

Fisch-Gratin

400 g Schollenfilet
1 Bund Petersilie
1 Knoblauchzehe
1 Chilischote
Salz
schwarzer Pfeffer aus der Mühle
2 TL Zitronensaft
7 EL Olivenöl
500 g fest kochende Kartoffeln
300 g Tomaten
200 g Emmentaler am Stück
1 Zitrone

Schollenfilet in 3 cm breite Streifen schneiden. Petersilie abbrausen, trocken schütteln, Blättchen fein hacken. Den Knoblauch pellen und durch die Presse drücken. Chilischote halbieren. Petersilie, Knoblauch, Chili, Salz, Pfeffer, Zitronensaft und 3 EL Olivenöl vermengen. Fisch darin eine Stunde marinieren.

Kartoffeln schälen und in dünne Scheiben schneiden. 3 EL Olivenöl in einer beschichteten Pfanne erhitzen, Kartoffelscheiben darin bei mittlerer Hitze unter Wenden braten, bis sie fast gar sind. Vom Herd nehmen und mit Salz und Pfeffer würzen.

Tomaten waschen, halbieren, Stielansätze herausschneiden. Tomaten in Scheiben schneiden. Käse in Streifen schneiden. Backofen auf 200 °C vorheizen. Eine große ofenfeste Auflaufform mit 1 EL Olivenöl auspinseln. Chilischote aus der Fischmarinade herausnehmen. Abwechselnd Fisch, Kartoffeln, Käse und Tomaten fächerartig in die Form schichten. Restliche Marinade darüber träufeln. 20 Minuten im Backofen gratinieren. Zitrone heiß abwaschen, vierteln und das Gratin damit garnieren.

Überbackene Käsekartoffeln

1 kg mittelgroße Frühkartoffeln
3 EL Salz
1 Bund Schnittlauch
1 Bund Kerbel
400 g Munster

Kartoffeln gründlich waschen, mit dem Salz in kaltem Wasser zum Kochen bringen und bei mittlerer Hitze 25 Minuten garen. In der Zwischenzeit den Schnittlauch in feine Röllchen schneiden. Kerbelblättchen abzupfen und hacken.

Käse in Scheiben schneiden und den Grill vorheizen.

Kartoffeln abgießen, abdämpfen, längs halbieren und in eine große ofenfeste Form setzen, mit der Schnittfläche nach oben. Käsescheiben auf den Kartoffeln verteilen, Kräuter darüber streuen. Kartoffeln für ca. 7 Minuten unter den Grill schieben, bis der Käse zerläuft.

Sellerieauflauf mit Bergkäse

1 kg Bleichsellerie
Salz
500 g (Nürnberger) Rostbratwürste
Butter für die Form
3 Eier
150 ml saure Sahne
1 TL Speisestärke
schwarzer Pfeffer aus der Mühle
etwas Muskat
200 g Bergkäse in Scheiben

Den Sellerie putzen, waschen und in etwa 5 cm lange Stücke schneiden. Etwas von den Blättchen beiseite legen. Gemüse mit leicht gesalzenem, kochendem Wasser bedecken und etwa 5 Minuten blanchieren.

Aus den Würsten das Brät in Klößchen herausdrücken und in einer beschichteten Pfanne ohne Fett von allen Seiten kurz anbraten, vom Herd nehmen. Backofen auf 200 °C vorheizen. Eine ofenfeste Form einfetten. Abwechselnd Sellerie und die Brätklößchen hineinsetzen. Eier mit saurer Sahne und Speisestärke verquirlen, mit Salz, Pfeffer und Muskat abschmecken und auf dem Sellerie verteilen.

Käse entrinden und in Streifen schneiden. Auflauf mit dem Käse gitterförmig bedecken. 30 Minuten im Backofen überbacken. Mit Selleriegrün garniert servieren.

Südtiroler Käsetorte

3 Platten TK-Blätterteig

150 g TK-Brokkoli

2 Zwiebeln

2 EL Butter

1 TL Mehl

200 ml Milch

150 g Südtiroler Schinkenspeck
in Scheiben

40 g Parmesan

80 g Gruyère

2 Eier

Salz

schwarzer Pfeffer aus der Mühle

scharfes Paprikapulver

Kümmel

Blätterteig und Brokkoli auftauen. Backofen auf 200 °C vorheizen. Teigplatten aufeinander legen, dünn ausrollen. Eine Tarteform (24 cm Durchmesser) kalt ausspülen, mit Teig auskleiden, mit einer Gabel mehrfach einstechen, 15 Minuten vorbacken.

Zwiebeln abziehen, fein hacken. Butter in einer Pfanne erhitzen, Zwiebeln darin anschwitzen, mit Mehl dicklich einköcheln. Die Hälfte des Schinkens würfeln, Käse fein reiben, Brokkoli in Röschen teilen, Stiele würfeln. Stiele mit Schinkenwürfeln und Käse zur Zwiebel-Mischung geben.

Eier trennen, Eiweiß steif schlagen. Eigelb unter die Käsemasse rühren, mit Salz, Pfeffer und Paprika kräftig würzen. Eischnee unterziehen, alles auf den Teig gießen. Brokkoliröschen und den restlichen Schinken in Röllchen hineingeben. Mit Kümmel bestreuen. 20 Minuten backen und heiß servieren.

Gouda-Tarte mit Sonnenblumenkernen

200 g mittelalter Gouda

150 g fein gemahlenes
Vollkornmehl

1 Eigelb

150 g Butter

1/2 Bund Thymian

200 ml Sahne

3 Eier

1 Knoblauchzehe

Salz

30 g Sonnenblumenkerne

Gouda fein raspeln. Mehl auf die Arbeitsfläche sieben, in die Mitte eine Mulde drücken, Eigelb und 2 EL eiskaltes Wasser hineingeben. 150 g Gouda und die Butter in Flöckchen auf dem Mehlrand verteilen. Alles rasch zu einem glatten Teig verkneten. Teig in eine Tarteform drücken, den Rand hochziehen. 10 Minuten in den Kühlschrank stellen. Backofen auf 200 °C vorheizen.

Thymianblättchen abzupfen. Sahne und Eier miteinander verquirlen. Knoblauch pellen und durch die Presse in die Eiersahne drücken, salzen.

Tarteboden mehrfach mit einer Gabel einstechen, den restlichen Käse und die Hälfte des Thymian darauf streuen. Eiersahne darüber gießen, mit restlichem Thymian und Sonnenblumenkernen bestreuen. Tarte auf der untersten Schiene im Backofen 30 Minuten backen, bis sie goldbraun ist. Lauwarm servieren.

Mangold mit Raclette-Käse gefüllt

(für 6 Personen)

2 Stauden Mangold
6 Scheiben durchwachsener Speck
125 g Zwiebeln
250 g Raclette-Käse
Pfeffer aus der Mühle
100 ml Sahne

Von den Mangoldstauden 12 große Blätter ablösen. In ungesalzenem Wasser kurz blanchieren, in Eiswasser abschrecken, auf Küchenkrepp legen und gut trocken tupfen. Speck in feine Würfel schneiden. Zwiebeln schälen und ebenfalls in Würfel schneiden. Käse grob raspeln. Speck in einer beschichteten Pfanne auslassen, Zwiebeln dazugeben und glasig werden lassen. Mit Pfeffer würzen.

Die Speck-Zwiebel-Mischung und die Hälfte des Käses auf den Mangoldblättern verteilen. Jedes Blatt von der Blattspitze her locker zusammenrollen, den Stiel darüber schlagen.

Backofen auf 200 °C vorheizen. Mangold in eine ofenfeste Form setzen, mit der Sahne begießen und mit dem übrigen Käse bestreuen. 15 Minuten im Backofen gratinieren.

Auberginen mit Roquefort-Füllung

4 Auberginen
Salz
2 große Zwiebeln
6 Scheiben Toastbrot
100 g Pinienkerne
8 EL Olivenöl
1/2 Bund Basilikum
2 EL Ketschup
Pfeffer aus der Mühle
200 g Roquefort

Auberginen ganz in kochendem Salzwasser 10 Minuten vorgaren. Zwiebeln schälen und fein würfeln. Toastbrot klein würfeln. 5 EL Olivenöl in einer Pfanne erhitzen, Zwiebel, Brot und Pinienkerne darin anrösten. Von der Herdplatte nehmen.

Backofen auf 200 °C vorheizen. Auberginen halbieren, mit einem Teelöffel aushöhlen. Das Innere würfeln, in die Pfanne geben. Roquefort würfeln und in die Pfanne geben. Basilikum waschen, trocken tupfen, Blättchen abzupfen und fein hacken, mit dem Ketschup ebenfalls in die Pfanne

geben, alles gut vermischen. Mit Pfeffer kräftig abschmecken.

Füllung in die Auberginenhälften füllen, mit dem restlichen Olivenöl beträufeln. Im Backofen 15 Minuten überbacken.

Crespelli mit Mozzarella

2 Eier
120 g Mehl · Salz
60 ml Milch
60 ml Mineralwasser
½ Bund Frühlingszwiebeln
350 g Tomaten
250 g Mozzarella
1 Stängel Thymian
1 Stängel Salbei
½ Bund Petersilie
1 EL Öl
2 EL Crème fraîche
Pfeffer aus der Mühle
1 Prise Zucker
1 EL Balsamico
Fett zum Ausbacken
Butter für die Form
3 EL saure Sahne
etwas Muskat
1 Eigelb
2 EL frisch geriebener
Parmesan
2 EL Butter

Eier mit Mehl, Salz, Milch und Wasser zu einem glatten Teig verquirlen. 30 Minuten quellen lassen. Frühlingszwiebeln putzen, den weißen Teil klein würfeln, den grünen in Ringe schneiden. Tomaten überbrühen, häuten, entkernen und mit dem Käse klein würfeln. Blättchen von den Kräutern abzupfen und alle fein hacken.

Öl in einer Pfanne erhitzen, Frühlingszwiebel-Würfel darin anschwitzen, mit Tomaten, Zwiebelringen, Käse, gehackten Kräutern und Crème fraîche vermengen. Mit Salz, Pfeffer, Zucker und Essig abschmecken.

Backofen auf 200 °C vorheizen. Im heißen Fett 8 kleine, dünne Pfannkuchen (Crespelli) ausbacken, abkühlen lassen. Saure Sahne mit Eigelb, Salz, Pfeffer, Muskat und Parmesan verrühren. Eine Auflaufform einfetten. Crespelli mit je 2 EL Füllung belegen, aufrollen und in die Form schlichten. Sahnemischung und Butter in Flöckchen darauf verteilen. 12 Minuten im Backofen überbacken.

Französische Käse-Tarte

300 g Mehl
125 g Butter in Flocken
1 Ei
1 Prise Salz
250 g Roquefort
⅛ l Crème fraîche
4 EL Sahne
2 EL Calvados

Aus Mehl, Butter, Ei und Salz einen Teig kneten, eine Stunde im Kühlschrank ruhen lassen. Backofen auf 200 °C vorheizen.

Käse fein würfeln, die Hälfte beiseite stellen. Die andere Hälfte mit der Crème fraîche, Sahne und Calvados mischen. Teig auf einer bemehlten Fläche ausrollen und auf ein gefettetes Blech (ca. 32 x 25 cm) geben. Mit

einer Gabel mehrfach einstechen. Käsecreme auf den Teig streichen, restliche Käsewürfel darüber streuen.

Im Backofen 20 Minuten auf der untersten Einschubleiste backen. Vor dem Servieren etwas abkühlen lassen. Diese so genannte „Tarte d'Auvergne" passt hervorragend zu kräftigem Rotwein.

Käse-Wähe

Für den Teig:
300 g Mehl
10 g Hefe
$\frac{1}{8}$ l Milch
40 g Butter
$\frac{1}{2}$ TL Salz
Fett und Mehl für die Form

Für die Füllung:
1 Bund Frühlingszwiebeln
2 EL Butter
100 g Emmentaler
100 g Appenzeller
3 Eier
1 Becher Jogurt
2 EL Mehl
Salz
Pfeffer
Rosenpaprika
75 g Rindersaftschinken

Mehl in eine Schüssel sieben, in die Mitte eine Mulde drücken, Hefe hineinbröckeln, die leicht angewärmte Milch darüber gießen. Mit einer Gabel leicht mischen. Butter in Flocken auf dem Mehlrand verteilen, Salz dazugeben und alles zu einem glatten Teig verkneten. Zugedeckt an einem warmen Ort gehen lassen.

Frühlingszwiebeln putzen, schräg in Ringe schneiden, kurz in 1 EL Butter dünsten. Beide Käsesorten fein reiben. Eier trennen. Eigelb, Jogurt, Mehl und beide Käsesorten verquirlen, kräftig mit Salz, Pfeffer und Paprika würzen. Eiweiß steif schlagen und unterheben.

Backofen auf 200 °C vorheizen. Eine Springform (26 cm Durchmesser) einfetten, drei Viertel des Teigs auf einer bemehlten Fläche ausrollen. Den Boden und den Rand der Form damit auskleiden. Schinken in Streifen schneiden und mit den Frühlingszwiebeln auf dem Teig verteilen. Käsemasse einfüllen und den Teigrand nach innen schlagen. Den übrigen Teig ausrollen und verschiedene Formen ausstechen oder mit einem Messer herausschneiden. Die Wähe damit belegen und die restliche Butter in Flöckchen darauf verteilen. 30 Minuten im Backofen backen und heiß servieren.

Möhren-Sellerie-Gratin

800 g Möhren
150 g Chester (gerieben)
3 Eier
4 EL gemahlene Mandeln
Salz
schwarzer Pfeffer aus der Mühle
Zucker
400 g Knollensellerie
2 EL Zitronensaft
100 g Roquefort
2 EL Semmelbrösel
Fett für die Form
250 ml Sahne
1 EL Butter

Möhren schälen und raspeln, vom Chester 1 EL beiseite stellen, den Rest mit den Möhren mischen. 2 Eier und die Mandeln dazugeben, vermischen und mit Salz, Pfeffer und 1 Prise Zucker würzen.

Sellerie schälen, raspeln und sofort mit dem Zitronensaft beträufeln. Roquefort klein hacken, 1 EL davon beiseite legen, den Rest mit den Bröseln unter den Sellerie mischen, salzen und pfeffern.

Backofen auf 200 °C vorheizen. Eine Gratinform einfetten, die Hälfte der Möhren-Mischung hineingeben, darüber ein Drittel der Sahne gießen, Sellerie-Mischung darauf verteilen. Wiederum mit einem Drittel der Sahne begießen. Zum Schluss die übrige Möhren-Mischung einschichten und die restliche Sahne darüber gießen. Den beiseite gestellten Käse und die Butter in Flöckchen darauf streuen. Im Backofen 35 Minuten gratinieren.

Wirsing-Lachs-Gratin

1 kleiner Kopf Wirsing
Salz
4 EL weiche Butter
Pfeffer aus der Mühle
400 g Lachsfilet am Stück
1 kleine Zitrone
1 Scheibe Weißbrot
75 g frisch geriebener
Parmesan
100 g Crème fraîche
2 TL frisch geriebener
Meerrettich
3 Zweige Dill
Fett für die Form

Wirsing putzen, dicke Blattrippen herausschneiden. Wirsing in kochendem Salzwasser knapp bissfest garen. Mit eiskaltem Wasser abschrecken, abtropfen lassen und grob hacken. In 3 TL heißer Butter kurz dünsten, leicht salzen und pfeffern.

Grill vorheizen. Lachs in etwa 1 cm dicke, schräge Scheiben schneiden, mit etwas Zitronensaft beträufeln, salzen und pfeffern. Weißbrot ohne Rinde krümelig reiben, mit restlicher Butter und Parmesan verkneten. Crème fraîche mit Meerrettich, gehacktem Dill, Salz, Pfeffer und dem übrigen Zitronensaft würzen.

Eine flache, ovale Gratinform einfetten, Wirsing und Lachs hineinlegen. Zuerst die

Meerrettich-Crème-fraîche darüber verteilen, dann die Brot-Parmesan-Butter. Form im Ofen unter den Grill schieben und in etwa 8 Minuten goldbraun gratinieren.

Rosenkohl-Gratin

500 g Rosenkohl
Salz
150 g durchwachsener Speck
1 EL Butter
1 kleine Zwiebel
75 g Cashew-Nüsse
Fett für die Form
weißer Pfeffer aus der Mühle
etwas Muskat
100 g Schmand
2 EL Weißwein
100 g Gruyère am Stück

Rosenkohl waschen, putzen, in kochendem Salzwasser in ca. 8 Minuten bissfest garen, abgießen und mit eiskaltem Wasser abschrecken.

Backofen auf 200 Grad vorheizen. Speckfett in schmale Streifen schneiden und in einer beschichteten Pfanne braten, auf Küchenkrepp abtropfen lassen, die Butter zum Speckfett geben. Zwiebel abziehen, würfeln und in Fett ca. 5 Minuten goldgelb dünsten.

Nüsse ebenfalls in einer beschichteten Pfanne goldbraun rösten. Die Hälfte davon grob hacken. Rosenkohl, die Hälfte des Specks und die gehackten Nüsse in eine gefettete Auflaufform füllen. Mit Pfeffer übermahlen und mit etwas Muskat überstäuben.

Schmand mit Weißwein verrühren, mit Pfeffer und wenig Salz gewürzt über das Gratin verteilen. Mit geriebenem Käse und restlichem Speck bestreut in der Ofenmitte ca. 30 Minuten backen.

Pikante Käsetorte

Für den Mürbeteig:
300 g Mehl
Salz
150 g kalte Butter
1 Ei
1 Eigelb
Fett für die Form
Mehl zum Ausrollen

Für den Boden alle Zutaten rasch zu einem Teig verkneten. In Frischhaltefolie gewickelt 30 Minuten kalt stellen. Eine Springform (20 cm Durchmesser) gut einfetten.

Für den Belag Ziegenfrischkäse zerdrücken. Butter zerlassen, Mehl darin anschwitzen. Mit Milch und Sahne ablöschen, unter Rühren etwas einkochen lassen. Ziegenfrischkäse und geriebenen Gouda

Für den Belag:

300 g milder Ziegenfrischkäse

40 g Butter

40 g Mehl

200 ml Milch

200 ml Sahne

75 g junger Gouda

3 Eier

3 Eigelb

2 Bund Schnittlauch

Muskat

Pfeffer aus der Mühle

unterrühren. Vom Herd nehmen, Eier, Eigelb und in Röllchen geschnittenen Schnittlauch unterrühren. Käsemasse mit Gewürzen abschmecken.

Backofen auf 175 °C vorheizen. Teig auf einer bemehlten Arbeitsfläche ausrollen, den Boden der Form mit zwei Dritteln des Teigs auslegen, mehrfach mit einer Gabel einstechen. Den restlichen Teig 5 cm breit ausrollen und den Rand der Form damit auskleiden. Im Backofen 15 Minuten vorbacken, dann die Käsemasse einfüllen.

Hitze auf 150° C reduzieren und die Torte in 50 Minuten fertig backen.

Kartoffel-Spinat-Auflauf mit Mozzarella

200 g Spinat

200 g fest kochende Kartoffeln

30 g Pinienkerne

200 g Mozzarella

1 EL Kapern

1 TL Zitronensaft

100 ml Waldpilzfond

80 ml Sahne

Pfeffer aus der Mühle

etwas Muskat

1 Schalotte

1 EL Öl

Butter für die Form

Spinat verlesen und in kochendem Salzwasser blanchieren, abschrecken. Kartoffeln kochen, schälen und in Scheiben schneiden. Backofen auf 200 °C vorheizen.

Pinienkerne in einer Pfanne ohne Fett rösten. Ein Drittel davon klein hacken. Käse in dünne Scheiben schneiden, salzen und pfeffern. Die Hälfte der Kapern hacken, mit Zitronensaft, Fond, Sahne, Pfeffer und Muskat mischen.

Schalotte pellen, fein würfeln und im heißen Öl anschwitzen. In 4 gefettete Förmchen verteilen, nacheinander Kartoffeln, Spinat, gehackte Pinienkerne und Kapern einschichten. Sauce darüber gießen. Im Backofen 20 Minuten backen. Dann den Käse und die restlichen Pinienkerne darauf verteilen und noch 5 Minuten überbacken.

Käse-Roulade mit Spinat

Für den Teig:

4 Eier

2 Eigelb

Salz

schwarzer Pfefferaus der Mühle

75 g Mehl

2 EL Semmelbrösel

50 g geriebener Appenzeller

Für die Füllung:

500 g Spinat

200 g Rinderhack

1 EL Butter

1 Zwiebel

1 Knoblauchzehe

125 g geriebener Appenzeller

125 g geriebener Edamer

2 große Eier

1 EL Semmelbrösel

Salz

Pfeffer aus der Mühle

Muskat

75 g Edamer in Scheiben

Für die Sauce:

1 Zwiebel

1 EL Öl

500 g pürierte Tomaten

1/8 l heiße Brühe

Salz

Pfeffer aus der Mühle

Backofen auf 200 °C vorheizen. Ein Backblech mit Backpapier auslegen.

Für den Teig die Eier trennen. Alle Eigelb verrühren, salzen und pfeffern. Mehl, Semmelbrösel und Käse unterheben. Eiweiß sehr steif schlagen und unter den Teig ziehen. Die Masse auf das Blech streichen, im Backofen 10 Minuten backen.

Inzwischen den Spinat waschen und putzen, die Blätter grob hacken. Blech aus dem Ofen nehmen und 5 Minuten mit einem feuchten Tuch abdecken. Teig auf das Tuch stürzen, Backpapier abziehen.

Hackfleisch im heißen Fett braun und bröselig braten. Zwiebel und Knoblauch abziehen und fein hacken, zum Fleisch geben. 3 Minuten dünsten. Spinat dazugeben, zugedeckt bei milder Hitze garen, bis er zusammenfällt. Vom Herd nehmen und etwas abkühlen lassen, Flüssigkeit abgießen.

Beide Käsesorten, Eier und Semmelbrösel unter den Spinat heben, würzen. Die Füllung auf den Teig streichen, von der Längsseite her mit Hilfe des Tuches aufrollen. Roulade auf das Blech setzen. Den Edamer in schmale Streifen schneiden, rautenförmig auf die Roulade legen. Hitze im Backofen auf 175 °C reduzieren und die Roulade 15 Minuten darin backen.

Für die Sauce die Zwiebel abziehen, fein hacken und im heißen Öl glasig dünsten. Tomatenpüree und Brühe dazugeben, würzen. Bei milder Hitze ohne Deckel sämig einkochen. Zum Servieren die Roulade in Scheiben schneiden, mit der Sauce anrichten.

Austernpilz-Gratin

700 g Austernpilze
500 g Möhren
2 Schalotten
2 EL Butter
2 EL Öl
Salz
Pfeffer aus der Mühle
Muskat
150 g mittelalter Gouda
2 Eier
75 ml Milch
1 Bund Schnittlauch

Pilze abreiben, in große Stücke teilen. Möhren putzen, schräg in Scheiben schneiden. Schalotten abziehen und fein würfeln. Möhren und Zwiebeln in der heißen Butter 5 Minuten andünsten, aus der Pfanne nehmen und in Öl die Pilze anbraten.

Backofen auf 200 °C vorheizen. Pilze und Möhren in einer flachen Auflaufform mischen, salzen, pfeffern und mit Muskat würzen. Käse reiben, zwei Drittel davon mit den Eiern, Milch und etwas gehacktem Schnittlauch mischen, über das Gemüse gießen. Mit dem übrigen Käse bestreuen. Im Backofen 30 Minuten überbacken. Zum Servieren mit Schnittlauch bestreuen.

Polenta mit Paprika und zweierlei Käse

1 kg Paprikaschoten
(rot, gelb und grün gemischt)
2 rote Chilischoten
2 grüne Chilischoten
2 hellgrüne spitze
Paprikaschoten
2 Knoblauchzehen
2 EL Olivenöl
1 EL frische Rosmarinnadeln
Salz
200 g Polentagrieß
150 g Gorgonzola
100 g Parmesan

Paprikaschoten putzen, der Länge nach halbieren und auf der Arbeitsfläche flach drücken. Paprikaschoten nebeneinander auf ein Backblech setzen und auf der 3. Einschubleiste von unten unter dem eingeschalteten Grill oder bei starker Oberhitze so lange bräunen, bis die Haut schwarze Blasen wirft. Die Schoten heraus nehmen und mit einem feuchten Tuch bedeckt abkühlen lassen. Schoten häuten und in breite Streifen schneiden.

Chilischoten aufschneiden, entkernen und fein hacken. Die hellgrünen, spitzen Paprikaschoten mit Stiel längs halbieren und die Kerne herausschaben. Knoblauchzehen pellen. Olivenöl in einer Pfanne erhitzen. Rosmarinnadeln kurz im Öl anrösten. Knoblauch hineinpressen. Chili und Paprikastreifen zugeben und gut mischen. Mit Salz abschmecken, warm halten.

Für die Polenta 1 l Salzwasser zum Kochen bringen. Den Polentagrieß unter

Rühren einrieseln lassen und bei milder Hitze unter ständigem Rühren 20 Minuten kochen lassen. Die Rinde vom Gorgonzola großzügig abschneiden. Käse in Würfel schneiden. Die spitzen, hellgrünen Paprikaschoten auf einem Gitter unter dem Grill im Backofen 8 Minuten bräunen.

Ein Drittel der Polenta in eine gefettete Auflaufform füllen. Die Hälfte der Paprika-Chili-Mischung darauf verteilen, ein Drittel des Gorgonzola und des Parmesan darüber streuen. Ein weiteres Drittel der Polenta darauf füllen und die restliche Paprika-Chili-Mischung darauf geben. Ein weiteres Drittel Käse darüber streuen. Die restliche Polenta darauf verteilen, den restlichen Käse darauf streuen. Die gegrillten Paprikaschoten darauf legen und alles zusammen noch einmal 5 Minuten übergrillen. Heiß in der Form servieren.

Französisches Knoblauch-Gratin

12 Knoblauchzehen
100 ml Crème fraîche
100 ml Sahne
1/8 l heiße Fleischbrühe
Salz
Pfeffer aus der Mühle
250 g Bandnudeln
1 EL Olivenöl
1 Zucchini
100 g Champignons
100 g geriebener Emmentaler
2 EL gehackte Walnusskerne
Butter für die Form

Knoblauchzehen schälen, grob hacken, mit Crème fraîche, Sahne und Fleischbrühe in einen Topf geben und zum Kochen bringen, bei leichter Hitze 5 Minuten köcheln. Mit Salz und Pfeffer kräftig abschmecken.

Nudeln in reichlich kochendem Salzwasser bissfest garen, abgießen und mit 1 EL Öl vermischen. Zucchini waschen, in sehr dünne Scheiben schneiden. Champignon putzen und ebenfalls in Scheiben schneiden. Zucchini- und Champignonscheiben in kochendem Salzwasser 5 Minuten blanchieren, mit einem Schaumlöffel herausnehmen und abtropfen lassen.

Eine flache ofenfeste Form mit etwas Butter einfetten, Nudeln, Gemüse und die Knoblauchcreme darin mischen, mit geriebenem Käse bestreuen. Bei 180 °C im Backofen auf der mittleren Schiene 30 Minuten überbacken. Zum Servieren mit den gehackten Walnüssen bestreuen

Nudel- und Reisgerichte

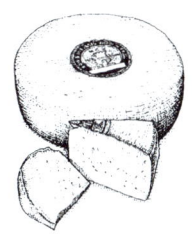

Käse-Vollkorn-Spätzle mit Röstzwiebeln

500 g Zwiebeln
200 g Leerdamer
250 g Weizenvollkornmehl
1 TL Salz
2 Eier
1 Eigelb
2 EL Öl
50 g Butter

Zwiebeln pellen und in Ringe schneiden. Käse raspeln.

Mehl, Salz, Eier, Eigelb und 1/8 l Wasser zu einem glatten Teig verrühren, mit einem Holzlöffel 25 Minuten schlagen, bis er Blasen wirft. Öl in einer Pfanne erhitzen, Zwiebelringe darin goldbraun braten.

In einem großen Topf Salzwasser zum Kochen bringen. Von einem Spätzlebrett oder mit einem Hobel Spätzle portionsweise in das kochende Wasser schaben. Wenn die Spätzle oben schwimmen, werden sie mit einem Schaumlöffel herausgenommen und kurz abgeschreckt.

Spätzle jeweils mit Käse, Zwiebeln und etwas Butter in eine Auflaufform schichten. Die Form zum Warmhalten in den Backofen (ca. 80 °C) stellen. Zum Schluss den restlichen Käse darüber streuen und alles bei 200 °C überbacken, bis der Käse schmilzt.

Lasagne mit Ziegenkäse

1 kleiner Wirsing
Salz
1 Zwiebel
2 Knoblauchzehen
2 EL Olivenöl
1 Dose Tomaten (280 g)
1/8 l Weißwein
schwarzer Pfeffer aus der Mühle
12 Lasagne-Blätter
(ohne Vorkochen)
250 g Lingot Blanc
(milder Ziegenkäse)
350 g saure Sahne
1/2 TL Oregano
50 g geriebener Pecorino
etwas Butter für die Form
Basilikum-Blättchen
zum Garnieren

Wirsing-Blätter vom Strunk lösen, abbrausen und schadhafte Stellen und Blattansätze abschneiden. In einem großen Topf reichlich Salzwasser zum Kochen bringen. Daneben eine Schüssel mit Eiswasser bereit stellen sowie einen Gitterrost. Wirsing-Blätter im kochenden Salzwasser 30 Sekunden blanchieren, danach sofort in das Eiswasser tauchen und zum Abtropfen auf den Gitterrost legen.

Zwiebel schälen und würfeln. Knoblauch schälen und durch die Presse drücken. Öl in einer hohen Pfanne erhitzen, Zwiebel und Knoblauch darin glasig braten. Tomaten dazugeben, mit einem Kochlöffel etwas zerdrücken. Wein unterrühren und die Sauce mit Salz und Pfeffer abschmecken. 10 Minuten sanft köcheln lassen

Backofen auf 175 °C vorheizen. Lasagne-Blätter vorbereiten. Ziegenkäse mit 200 g saurer Sahne und Oregano zu einer geschmeidigen Creme rühren, mit Salz abschmecken. Die restliche saure Sahne mit dem Pecorino verrühren.

Eine Auflaufform mit Butter einpinseln, den Boden mit Lasagne-Blättern auslegen. Einige Wirsing-Blätter und etwas Ziegenkäse-Creme darauf verteilen, mit einer Lasagne-Schicht bedecken und wieder Wirsing und Ziegenkäse-Creme darauf verteilen. So fortfahren, zum Schluss mit einer Schicht Lasagne-Blättern abschließen. Darauf die Pecorino-Creme streichen. Lasagne für 35 Minuten in den Backofen schieben. Mit Tomatensauce und Basilikum garniert servieren.

Cannelloni mit Pilzen und Fontina-Käse

500 g rosa Champignons
2 Frühlingszwiebeln
50 g Butter
Salz
schwarzer Pfeffer aus der Mühle
8 Lasagne-Blätter
300 g Fontina-Käse

Champignons waschen, putzen und dünnblättrig schneiden. Weiße und hellgrüne Teile der Frühlingszwiebeln fein würfeln. 30 g Butter in einer Pfanne zerlassen, die Frühlingszwiebeln kurz darin andünsten. Champignons dazugeben, salzen und pfeffern. Champignons bei mittlerer Hitze offen garen, ab und zu umrühren, bis die Flüssigkeit verdampft ist.

Lasagne-Blätter portionsweise in reichlich kochendem Salzwasser garen. Mit einer Schaumkelle vorsichtig aus dem Wasser heben und auf ein feuchtes Geschirrtuch legen. Käse in 16 kleine Scheiben schneiden. 2 EL der Champignons beiseite stellen, die übrigen jeweils auf das äußere Drittel der Lasagne-Blätter geben. Jeweils eine Scheibe Käse darauf legen. Die Blätter von der belegten Seite her aufrollen.

Backofen auf 200 °C vorheizen. Ein Backblech mit der restlichen Butter einfetten, Cannelloni darauf setzen. Die beiseite gelegten Champignons darauf verteilen. Jeweils eine Scheibe Käse darauf legen. Die Rollen im Backofen 15 Minuten backen, bis der Käse goldgelb ist. Cannelloni auf einer Platte anrichten.

Spagetti mit Gorgonzola-Spinat-Sauce

500 g frischer Spinat
Salz
1 Zwiebel · 2 Tomaten
50 g Haselnusskerne
30 g Butter
200 ml Sahne
200 g Gorgonzola
schwarzer Pfeffer aus der Mühle
etwas Muskat
500 g Spagetti

Spinat gründlich waschen, putzen, abtropfen lassen und grob hacken. Zwiebel schälen und fein würfeln. Tomaten überbrühen, häuten, halbieren, Stielansätze und Kerne entfernen, Fruchtfleisch fein würfeln. Nüsse grob hacken.

Butter in einer großen Pfanne mit Deckel erhitzen, Zwiebel darin glasig dünsten, Spinat portionsweise dazugeben, zusammenfallen lassen und die Flüssigkeit verdunsten lassen. Sahne unterrühren. Gorgonzola in Stücke schneiden und unter die Sauce mischen, mit Pfeffer, Salz und Muskat herzhaft würzen.

Spagetti in reichlich kochendem Salzwasser bissfest garen und abgießen. Spagetti, Sauce und Tomatenwürfel in eine große vorgewärmte Schüssel geben und gut mischen. Nach Bedarf noch einmal abschmecken und mit Haselnüssen bestreut servieren.

Bandnudeln mit Basilikum und Käsesauce

100 g Haselnusskerne
$1/4$ l Sahne
200 g Fontina
50 g Butter
400 g breite Nudeln
Salz
100 g Basilikum
1 Knoblauchzehe

Haselnüsse im vorgeheizten Backofen bei 175 °C ca. 10 Minuten goldbraun rösten, in ein Sieb geben, abkühlen lassen und die braune Haut abreiben. Nüsse grob hacken.

Für die Käsesauce Sahne in einem Topf zum Kochen bringen. Käse entrinden, grob würfeln, in die kochende Sahne geben und mit einem Schneebesen glatt rühren. Zum Schluss die Butter mit dem Schneidestab einrühren.

Nudeln in reichlich kochendem Salzwasser bissfest garen, abgießen. Basilikumblättchen von den Stielen zupfen, einige Blätter zum Garnieren beiseite legen, den Rest klein schneiden. Knoblauchzehe pellen, halbieren und eine vorgewärmte Schüssel mit der Schnittfläche einreiben. Nudeln mit Nüssen und Basilikum in die Schüssel schichten, Mit etwas Käsesauce begießen und mit den beiseite gelegten Basilikumblättchen garnieren. Restliche Käsesauce dazu reichen.

Provolone-Nudeln mit Austernpilzen

250 g geräucherter Provolone
150 g magerer Räucherspeck
300 g Spagetti
Salz
300 g Austernpilze
1 Schalotte
2 EL Öl
schwarzer Pfeffer aus der Mühle
etwas Zitronensaft
1 Bund glatte Petersilie

Provolone schälen und fein raffeln. Speck in Streifen schneiden.

Spagetti in reichlich kochendem Salzwasser bissfest garen. Pilze abreiben, in mundgerechte Stücke schneiden. Schalotte abziehen und fein hacken. Öl in einer großen Pfanne erhitzen, Schalotte darin hellgelb dünsten, Speck dazugeben und auslassen. Austernpilze dazugeben und 3 Minuten braten. Leicht salzen, mit Pfeffer und Zitronensaft würzen.

Nudeln abgießen, abtropfen lasen und in die Pfanne geben. Unter Wenden alles zusammen erhitzen. Petersilie grob hacken und untermischen. Zum Servieren Provolone über die Nudeln streuen.

Tagliatelle mit Mascarpone-Sauce

200 g TK-Erbsen
500 g Tagliatelle
Salz
1 Zwiebel
150 g Frühstücksspeck
2 EL Öl
250 g Mascarpone
100 ml Milch
einige Basilkumblättchen

Erbsen auftauen. Nudeln in reichlich kochendem Salzwasser bissfest garen, abgießen und warm stellen.

In der Zwischenzeit Zwiebel schälen und fein würfeln. Speck in 2 cm breite Streifen schneiden und in einer Pfanne ohne Fett kross braten.

Öl in einer Pfanne erhitzen, Zwiebel darin anschwitzen. Mascarpone und Milch hinein rühren, 3 Minuten einköcheln lassen, würzen. Erbsen darin erhitzen. Die Hälfte des Specks unterrühren.

Nudeln und Sauce auf vorgewärmten Tellern anrichten, den übrigen Speck darüber streuen. Mit den Basilikumblättchen garnieren.

Fagottini mit Ziegenkäse-Sauce

500 g frische Fagottini
(mit Ricotta und Basilikum
gefüllte Teigtaschen)
300 g TK-Spinat
2 Knoblauchzehen · 2 EL Butter
250 g Crème fraîche
125 g Ziegenfrischkäse
Salz · Pfeffer aus der Mühle
etwas abgeriebene Schale
einer unbehandelten Zitrone
4 EL Sonnenblumenkerne

Pastagaren. Den aufgetauten Spinat grob hacken. Knoblauch pellen, durch die Presse drücken und in der heißen Butter andünsten. Spinat dazugeben, Crème fraîche und Ziegenkäse unterrühren. Mit Salz, Pfeffer und Zitronenschale würzen. 5 Minuten köcheln lassen.

Sonnenblumenkerne in einer Pfanne ohne Fett rösten. Nudeln mit der Sauce anrichten und mit Sonnenblumenkernen bestreut servieren.

Taglierini mit Ricotta-Hollandaise

1 Möhre
1 kleine Stange Lauch
60 g Sellerie
200 g Butter
Salz
je 200 g grüne und weiße
Taglierini
4 Eigelb
2 EL Weißwein
1 EL Zitronensaft
1 TL Senf
100 g Ricotta
weißer Pfeffer aus der Mühle
6 EL Sahne

Möhre, Lauch und Sellerie waschen, schälen und in ganz dünne, ca. 8 cm lange Streifen (Julienne) schneiden. Butter in Stücke schneiden, schmelzen, einmal aufkochen und wieder etwas abkühlen lassen.

Nudeln in reichlich kochendem Salzwasser bissfest garen. Kurz vor Ende der Garzeit die Gemüse-Julienne dazugeben. Durch ein feines Sieb abgießen, die Nudeln in 50 g der zerlassenen Butter schwenken und heiß halten.

Eigelb mit Wein, Zitronensaft und Senf in einem Topf mit schwerem Boden verrühren, die restliche Butter langsam unterschlagen. Die Sauce dabei erwärmen, aber nicht zu heiß werden lassen. Ricotta in Flöckchen unterheben und mit Salz und Pfeffer würzen.

Sauce mit der Sahne verrühren, mit dem Schneidestab schaumig aufmixen. Nudeln mit der Sahne anrichten und sofort servieren.

Tomatenspagetti mit Minze und Pinienkernen

500 g Tomatenspagetti

Salz

6 EL Olivenöl

3 Knoblauchzehen

80 g Pinienkerne

2 Bund Minze

Pfeffer aus der Mühle

100 g Pecorino

Spagetti in reichlich kochendem Salzwasser bissfest garen, abgießen, abtropfen lassen, warm stellen.

Olivenöl in einer großen Pfanne erhitzen. Knoblauch pellen und fein hacken, mit den Pinienkernen im Öl andünsten. Minze abzupfen, in Streifen schneiden, die Hälfte davon mit den Nudeln in die Pfanne geben, unter Rühren erhitzen, mit Salz und Pfeffer würzen.

Käse fein hobeln, die Hälfte davon unter die Nudeln ziehen, auf vorgewärmten Tellern anrichten und mit dem restlichen Käse und den Minzestreifen garniert servieren.

Penne mit Vier-Käse-Sauce

50 g Parmesan

50 g Bel Paese-Käse

50 g Provolone

50 g Fontina

500 g bunte Penne

Salz

4 Zweige glatte Petersilie

30 g Butter

2 TL Mehl

250 ml Milch

schwarzer Pfeffer aus der Mühle

Die vier Käsesorten entrinden, Parmesan reiben, die anderen Sorten klein würfeln. Nudeln in reichlich kochendem Salzwasser bissfest garen, durch ein Sieb abgießen, 4 EL Kochwasser auffangen. Nudeln mit Kochwasser in eine Schüssel geben und im Backofen warm halten.

Petersilie abbrausen, trocken schütteln, Blättchen in feine Streifen schneiden. Butter in einer schweren Stielkasserolle erhitzen, das Mehl hineinrühren und kurz anschwitzen, dann die Milch unter ständigem Rühren nach und nach dazugeben. Bei mittlerer Hitze 3 Minuten einkochen lassen. Käse dazugeben und unter Rühren schmelzen lassen. Käsesauce mit Salz und Pfeffer kräftig abschmecken.

Nudeln auf vorgewärmten Tellern anrichten, die Sauce darüber geben und mit der Petersilie bestreut servieren.

111

Spagetti wie in der Provence

500 g Spagetti
Salz
6 EL Olivenöl
1 Knoblauchzehe
1 TL getr. Kräuter der Provence
1 EL grüner Pfeffer (abgetropft)
250 g Schafskäse

Nudeln in reichlich kochendem Salzwasser bissfest garen, auf ein Sieb gießen, abtropfen lassen. Olivenöl in einem Topf leicht erwärmen. Knoblauch pellen, in Scheiben schneiden, mit den Kräutern im Olivenöl andünsten. Spagetti und Pfefferkörner dazugeben. Alles gut mischen. Schafskäse zerbröckeln, darüber streuen. Sofort servieren.

Scharfer Reisauflauf

1 kleine Dose Mais
2 rote Paprikaschoten
1 Chilischote
300 g Langkornreis
600 ml heiße Hühnerbrühe
300 g Hähnchenbrustfilet
3 EL Öl
Salz
Pfeffer aus der Mühle
Paprikapulver, edelsüß
100 g Appenzeller
1 Bund Schnittlauch
3 Eier
150 g Crème fraîche
Fett für die Form

Mais abtropfen lassen. Paprikaschoten putzen, waschen, Kerne und weiße Innenhaut entfernen, Schoten klein würfeln. Chilischote waschen, aufschneiden, entkernen und sehr fein hacken.

Reis in der heißen Brühe 10 Minuten garen. Hähnchenbrust kalt abbrausen, trocken tupfen, in schmale Streifen schneiden. Öl in einer Pfanne erhitzen, Fleisch darin von allen Seiten anbraten. Mit Salz, Pfeffer und Paprikapulver würzen. Backofen auf 200 °C vorheizen.

Käse reiben. Schnittlauch waschen und in Röllchen schneiden. Eier mit Crème fraîche glatt rühren, 60 g Käse unterrühren. Den abgekühlten Reis mit Paprikaschote, Chili-schote, Mais, Schnittlauch und dem Fleisch mischen, mit Salz und Pfeffer kräftig abschmecken. Zwei Drittel der Eier-Creme unterziehen. In eine gefettete Auflaufform füllen. Restliche Creme und restlichen Käse darüber verteilen. Auflauf im Backofen ca. 25 Minuten backen.

Bulgarisches Nudelgericht

500 g breite Bandnudeln
Salz
2 EL Öl
50 g Butter
200 g bulgarischer Schafskäse
100 g durchwachsener Speck
schwarzer Pfeffer aus der Mühle
100 g saure Sahne
½ Bund Schnittlauch

Bandnudeln in Quadrate brechen und in reichlich kochendem Salzwasser bissfest garen. Butter in einer Pfanne erhitzen, die Nudeln darin schwenken und warm stellen.

Schafskäse zerbröckeln. Speck klein würfeln. 1 EL Öl in einer zweiten Pfanne erhitzen und den Speck unter Rühren darin knusprig braten. Die Hälfte der Nudeln auf vorgewärmten Tellern anrichten, mit der Hälfte des Schafskäses und etwas Pfeffer bestreuen. Die Hälfte der sauren Sahne in Klecksen darauf setzen und mit den restlichen Nudeln bedecken. Den übrigen Käse und saure Sahne auf die Nudeln geben, pfeffern und salzen.

Schnittlauch waschen, trocken tupfen und in Röllchen schneiden, dann mit den Speckwürfeln über das Gericht streuen und servieren.

Reisauflauf mit Meeresfrüchten

1 kleine Zwiebel
1 EL Butter
200 g Langkornreis
1 Döschen Safran
500 ml heiße Gemüsebrühe
2 Knoblauchzehen
1 Bund glatte Petersilie
1 EL Öl
400 g TK-Meeresfrüchte
200 g TK-Erbsen
100 ml Weißwein
Salz
weißer Pfeffer aus der Mühle
Fett für die Form
3 Eier
150 g Jogurt
80 ml Milch
1 TL Mehl
200 g Mozzarella

Zwiebeln abziehen, fein würfeln. Butter in einem Topf erhitzen, Zwiebel darin anschwitzen. Reis hinzufügen und glasig anbraten, Safran unterrühren und die Brühe zugießen. Reis darin 15 Minuten bei milder Hitze quellen lassen, in ein Sieb geben und abtropfen lassen.

Backofen auf 175 °C vorheizen. Knoblauch abziehen. Knoblauch und Petersilie fein hacken. Öl in einer Pfanne erhitzen, Knoblauch darin goldgelb dünsten. Die Hälfte der gehackten Petersilie, Meeresfrüchte und Erbsen hinzufügen. Wein angießen, umrühren und alles etwa 3 Minuten dünsten. Mit Salz und Pfeffer abschmecken.

Eine Auflaufform einfetten. Reis unter die Meeresfrüchte geben und mit einer Kelle in die Form füllen. Etwa die Hälfte der zurückgebliebenen Weinbrühe dazugießen. Eier mit Jogurt, Milch, Mehl, Pfeffer und der restlichen Petersilie verquirlen. Mit Salz abschmecken und über den Auflauf gießen. In der Mitte des Backofens ca. 40 Minuten backen.

Mozzarella in Scheiben, dann in Streifen schneiden. Etwa 20 Minuten vor Ende der Backzeit gitterförmig auf den Auflauf legen.

Reis-Möhren-Auflauf mit Austernpilzen

200 g Wildreis
400 g Austernpilze
50 g geräucherter Speck am Stück
2 Zwiebeln
2 EL Butterschmalz
Salz
schwarzer Pfeffer aus der Mühle
1 EL Thymianblättchen
400 g Möhren
Fett für die Form
1 EL Butter
2 TL Mehl
$1/4$ l Milch
100 g Mascarpone
abgeriebene Schale und Saft von 2 unbehandelten Zitronen
50 g Frühstücksspeck in dünnen Scheiben

Reis garen. Pilze putzen, trocken abreiben und in breite Streifen schneiden. Speck fein würfeln, Zwiebeln schälen und hacken. Pilze in 1 EL Butterschmalz portionsweise bei starker Hitze rund herum kräftig anbraten. Heraus nehmen und auf Küchenkrepp abtropfen lassen. Salzen und pfeffern.

Restliches Butterschmalz in die Pfanne geben, Speck und Zwiebeln darin anbraten, Thymian dazugeben und mit den Pilzen mischen. Möhren schälen und in 1/2 cm dicke Scheiben schneiden. In Salzwasser 3 Minuten blanchieren, kalt abschrecken und gut abtropfen lassen.

Eine Auflaufform einfetten. Backofen auf 175 °C vorheizen. Pilz-Zwiebel-Mischung, Möhren und Reis mischen, salzen und pfeffern. Butter in einem Topf zerlassen, Mehl darin anschwitzen, Milch und Mascarpone unterrühren und aufkochen lassen. Zitronenschale und -saft dazugeben.

Abschmecken. Reismasse mit der Béchamel-Sauce mischen und in die vorbereitete Form geben, die Speckscheiben obendrauf legen. Auflauf in die Mitte des Ofens schieben und etwa 30 Minuten backen.

Zucchini-Risotto mit Parmesan

2 Zucchini
4 Frühlingszwiebeln
1 Knoblauchzehe
1 l heiße Gemüsebrühe
5 EL Olivenöl
300 g Risotto-Reis
$^1/_8$ l Weißwein
schwarzer Pfeffer aus der Mühle
Salz
150 g frisch geriebener
Parmesan

Zucchini waschen, Stielansätze und Enden abschneiden, Gemüse fein würfeln. Zwiebeln waschen, Wurzeln und harte dunkelgrüne Teile abschneiden. Zwiebeln in feine Ringe schneiden. Knoblauch schälen und durch die Presse drücken.

Öl in einem Topf erhitzen, Zwiebeln, Knoblauch und Gemüse darin leicht anbraten. Reis dazugeben und glasig anbraten. Einen Teil der Brühe und Wein zugießen, sodass der Reis bedeckt ist.

Bei leichter Hitze quellen lassen, öfter umrühren. Nach und nach die Brühe immer wieder angießen und einkochen lassen, bis der Reis gar ist, aber noch Biss hat. Risotto vom Herd nehmen, mit Salz und Pfeffer würzen, Parmesan unterziehen und vor dem Servieren noch 5 Minuten ausquellen lassen.

Reis-Pizza

1 Zwiebel
2 EL Butter
300 g Risotto-Reis
$^3/_4$ l heiße Gemüsebrühe
50 g Emmentaler
4 EL gehackte Petersilie
700 g reife Tomaten
300 g Mozzarella
2 Eier
Salz
Pfeffer aus der Mühle
2 TL getr. Oregano
2 EL Olivenöl
etwas Petersilie zum Bestreuen

Zwiebel schälen, sehr fein würfeln. Butter in einem Topf erhitzen, Zwiebel darin glasig dünsten. Reis hinzufügen und kurz mit dünsten. Nach und nach die Brühe dazugießen, ab und an umrühren und den Reis in etwa 25 Minuten garen.

Emmentaler reiben und mit der Petersilie unter den Reis mischen, etwas abkühlen lassen. Tomaten überbrühen, häuten, entkernen und die Stängelansätze entfernen. Tomatenfleisch fein würfeln. Mozzarella in Scheiben schneiden.

Eier verquirlen und unter den Reis mischen. Ein Viertel der Mischung in eine kleine beschichtete Pfanne geben und flach drücken, sodass ein ca. 1 cm hoher Fladen entsteht. Diesen bei geringer Hitze langsam braten, bis die Oberfläche goldbraun ist und die Pizza gut zusammenhält. Umdrehen und von der anderen Seite bräunen. Danach auf ein mit Backpapier belegtes Blech setzen.

Backofen auf 200 °C vorheizen. In der Pfanne 3 weitere Fladen backen und auf das Blech setzen. Tomatenwürfel und Mozzarellascheiben auf die Reisfladen setzen, mit etwas Salz, Pfeffer und Oregano würzen und mit Olivenöl beträufeln. Im Backofen 15 Minuten backen, bis der Käse geschmolzen ist. Mit Petersilie bestreut servieren.

Blumenkohl-Reis-Topf mit Roquefort-Sahne

1 Zwiebel
1 Knoblauchzehe
2 EL Olivenöl
200 g Langkornreis
400 ml heiße Gemüsebrühe
Salz
1 Blumenkohl
200 g Roquefort
200 ml Sahne
weißer Pfeffer aus der Mühle
1 EL frisch gehackte Petersilie

Zwiebel und Knoblauch pellen und fein hacken. Öl erhitzen und beides darin glasig dünsten. Reis zugeben und mitbraten, bis alle Körner vom Öl überzogen sind. Brühe angießen und zum Kochen bringen. Reis zugedeckt bei schwacher Hitze 20 Minuten körnig ausquellen lassen.

Blumenkohl putzen, waschen, in Röschen teilen. Reichlich Salzwasser zum Kochen bringen, Blumenkohl darin bissfest garen, dann abschrecken, abtropfen lassen und unter den gegarten Reis mischen.

Käse in kleine Würfel schneiden, mit der Sahne in einen Topf geben und so lange unter Rühren erhitzen, bis der Käse geschmolzen ist. Roquefort-Sahne unter den Reis ziehen, mit weißem Pfeffer pikant abschmecken und mit Petersilie bestreut sofort servieren.

Gemüse-Reis überbacken

500 g Auberginen
Salz
150 g Langkornreis
250 ml heiße Gemüsebrühe
500 g Zucchini
Mehl zum Bestäuben
6 EL Olivenöl
1 Dose geschälte Tomaten (800 g)
schwarzer Pfeffer aus der Mühle
1 Prise Zucker
1 TL frische Thymianblättchen
1 TL Oregano
1 TL Rosmarin
300 g Mozzarella
100 g frisch geriebener Parmesan

Auberginen waschen, Blütenansatz entfernen und quer in Scheiben schneiden, salzen und 10 Minuten ziehen lassen. Reis mit der Brühe zum Kochen bringen und zugedeckt bei schwacher Hitze ausquellen lassen.

Zucchini waschen, Stiel- und Blütenansätze abschneiden und längs in Scheiben schneiden. In Mehl wenden und in Olivenöl von beiden Seiten goldbraun braten. Auberginen mit Küchenkrepp trocken tupfen, ebenfalls in Mehl wenden und in der Pfanne von beiden Seiten braten.

Backofen auf 200 °C vorheizen. Auberginen- und Zucchinischeiben in eine feuerfeste Form schichten. Tomaten grob hacken, in die Pfanne geben und den Fond lösen. Flüssigkeit etwas einkochen lassen, dann die gehackten Kräuter und den Reis untermischen. Sauce mit Salz, Pfeffer und Zucker abschmecken und über das Gemüse geben.

Mozzarella in Scheiben schneiden und auf der Tomatensauce verteilen. Parmesan darüber streuen. Gemüse-Reis 30 Minuten überbacken, bis der Käse leicht braun wird.

Meeresfrüchte-Risotto

400 g gemischte
TK-Meeresfrüchte
Saft einer Limette
1 Zwiebel
1 Knoblauchzehe
2 EL Olivenöl
200 g Risotto-Reis
400 ml Fischfond
50 ml trockener Wermut
1 Msp. Safran
2 EL Butter
50 g frisch geriebener
Parmesan · 2 Zweige Majoran

Meeresfrüchte auftauen und abtropfen lassen, mit Limettensaft beträufeln. Zwiebel und Knoblauch schälen und fein würfeln, im heißen Olivenöl andünsten. Reis hineinrühren und im Öl wenden, bis die Körner glasig sind. Wenig Fond angießen und bei mäßiger Hitze einkochen lassen. Ab und zu umrühren. Wermut mit 100 ml Wasser und Safran mischen und nach und nach zum Reis geben. Flüssigkeit immer wieder einkochen lassen. Zum Schluss den restlichen Fond angießen, einkochen lassen. In den fertig gegarten Reis Butter und Parmesan hineinrühren. Majoran von den Zweigen zupfen und unterrühren. Meeresfrüchte unterheben und in 10 Minuten heiß werden lassen.

Risotto wie in der Toscana

½ Zwiebel
1 kleine Möhre
1 Staude Sellerie
80 g Kalbsleber
80 g Kalbsniere
60 g Butter
2 EL Olivenöl
150 g mageres Rinderhack
1 Hühnerleber
½ Glas Rotwein
1 EL Tomatenmark
Salz
Pfeffer aus der Mühle
etwas Muskat
350 g Risotto-Reis
1 l heiße Fleischbrühe
75 g Parmesan
1 EL Butter

Zwiebel schälen und in feine Ringe schneiden. Möhre und Sellerie putzen und fein würfeln. Kalbsleber würfeln, Niere in feine Scheiben schneiden. Öl und Butter zusammen in einem Topf erhitzen, das Gemüse darin goldbraun anschwitzen.

Nacheinander das Hackfleisch, die Kalbsleber und -niere und zum Schluss die Hühnerleber dazugeben. Alles gut anbraten, dann mit dem Wein ablöschen. Einkochen lassen. Tomatenmark mit etwas Brühe verrühren und in den Topf geben. Mit Salz, Pfeffer und Muskat würzen. Zugedeckt 30 Minuten langsam kochen lassen. Reis dazugeben und unter Rühren leicht quellen lassen.

Nach und nach die heiße Brühe angießen und unter ständigem Rühren einkochen lassen. Nach ca. 25 Minuten ist der Reis gar. Herd abschalten. 1 EL Butter und den geriebenen Parmesan unterziehen. Vor dem Servieren kurz zugedeckt ruhen lassen.

Fleischgerichte

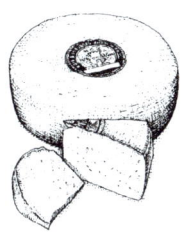

Lammrücken mit Edelpilzkäse-Kruste

1 Lammrücken mit Knochen und Filet (ca. 1200 g)
200 g Blauschimmelkäse
2 EL Semmelbrösel
1 Zweig Rosmarin
6 Salbeiblätter
½ Bund Thymian
1 EL Butterschmalz
Salz
schwarzer Pfeffer aus der Mühle

Lammrücken von Fett und Sehnen befreien, salzen und pfeffern. Butterschmalz in einem Bräter erhitzen, den Lammrücken von allen Seiten darin anbraten.

Backofen auf 225 °C vorheizen. Käse mit einer Gabel fein zerdrücken. Rosmarin, Salbei und Thymianblättchen fein hacken und mit den Semmelbröseln unter den Käse kneten.

Käsemasse auf dem Lammrücken verteilen, andrücken und in den Ofen schieben, im offenen Bräter ca. 45 Minuten braten. Vor dem Aufschneiden 5 Minuten ruhen lassen.

Hähnchenbrust mit Käsekruste

2 Hähnchenbrustfilets
(à 300 g)
Pfeffer
2 EL Öl
Salz
100 g Gruyère
500 g bunte Paprikaschoten
4 Stängel Thymian
200 g Schalotten
2 EL Balsamico
1 Prise Zucker
150 ml heiße Gemüsebrühe

Backofen auf 200 °C vorheizen. Hähnchenbrust kalt abbrausen, jeweils in 2 Stücke teilen, pfeffern. Fett in einer Pfanne erhitzen, Fleisch darin kurz anbraten, salzen und aus der Pfanne nehmen.

Käse grob raspeln. Paprika putzen, waschen und würfeln. Thymian von den Stängeln zupfen. Schalotten abziehen, vierteln. Paprika, Schalotten und die Hälfte des Thymian auf einem gefetteten Blech mit Brühe begießen und im Backofen 10 Minuten garen. Fleisch zwischen das Gemüse legen und mit Käse bestreuen. Auf der obersten Schiene noch 20 Minuten goldgelb überbacken. Mit restlichem Thymian bestreut servieren.

Filet mit Kräuter-Käse-Füllung im Blätterteig

600 g Schweinefilet
(2 Mittelstücke à 300 g)
Salz
Pfeffer aus der Mühle
2 Knoblauchzehen
3 Bund Petersilie
1 Hand voll Kerbel
2 Bund Schnittlauch
2 EL Sonnenblumenkerne
1 EL Senf
1 EL Olivenöl
100 g frisch geriebener
Parmesan
2 EL Butterschmalz
4 Platten TK-Blätterteig
Mehl zum Ausrollen
4 Scheiben mittelalter Gouda
1 Ei (getrennt)

Filetstücke je zweimal längs tief ein-, aber nicht durchschneiden, aufklappen, salzen und pfeffern. Knoblauch schälen und fein hacken. Petersilie und Kerbel abzupfen und hacken. Schnittlauch in Röllchen schneiden. Kräuter, Sonnenblumenkerne, Knoblauch, Senf und Öl zusammen fein pürieren. Parmesan unterrühren und abschmecken. Die Hälfte der Mischung innen auf die Filets streichen, zuklappen und mit Holzstäbchen fest stecken.

Butterschmalz in einer Pfanne erhitzen, die Filets darin rundherum braun braten. Etwas abkühlen lassen, Holzstäbchen entfernen. Teigplatten nebeneinander auftauen lassen, jeweils 2 Platten übereinander legen und auf einer leicht bemehlten Arbeitsfläche 2 Rechtecke à 30 x 40 cm ausrollen. Mit je einem Filet belegen. Die übrige Kräuterfarce darauf streichen und mit je 2 Scheiben Gouda belegen.

Für das Gemüse:
750 g Zucchini
1 EL Öl
Salz
Pfeffer aus der Mühle
Zitronensaft
Basilikum

Backofen auf 225 °C vorheizen. Erst die Längsseite des Teigs über das Filet schlagen, dann die Schmalseiten. Überlappende Stellen mit Eiweiß bestreichen. Filets auf ein kalt abgespültes Blech setzen, den Teig mehrmals einstechen und mit Eigelb bepinseln. Im Backofen 20 Minuten backen.

Zucchini waschen und putzen, in hauchdünne Scheiben schneiden. Im heißen Öl 3 Minuten unter Wenden braten, mit Salz, Pfeffer und Zitronensaft würzen. Zucchini mit je einem halben Filet in Blätterteig anrichten. Mit Basilikum garnieren.

Cordon bleu mit Frühlingsgemüse

4 große Kalbsschnitzel
Salz
schwarzer Pfeffer aus der Mühle
4 Scheiben gekochter Schinken
4 Scheiben Raclette-Käse
100 g Mehl
2 Eier
100 g Semmelbrösel
50 g Butterschmalz

Für das Gemüse:
300 g TK-Erbsen
500 g Kohlrabi
1 Bund Möhren
2 Schalotten
40 g Butter
1/2 TL Zucker
Salz
Pfeffer aus der Mühle
1 Zweig Estragon
etwas Kerbel
einige Spritzer Zitronensaft

Fleisch mit der Hand möglichst flach drücken und auf beiden Seiten salzen und pfeffern. Die halbe Fläche der Schnitzel mit je einer Scheibe Schinken und einer Scheibe Käse belegen. Schnitzel zuklappen, Ränder mit Holzstäbchen feststecken.

Erbsen auftauen. Kohlrabi und Möhren schälen. Kohlrabi vierteln und mit den Möhren in Scheiben schneiden. Zum Panieren 3 Teller vorbereiten: Auf den ersten Teller das Mehl geben, im zweiten die Eier verquirlen und auf den dritten Teller die Semmelbrösel geben. Das Fleisch nacheinander in Mehl, Ei und Semmelbröseln wenden.

Schmalz in einer großen Pfanne erhitzen, Cordon bleu darin von beiden Seiten kräftig anbraten. Hitze reduzieren und 10 Minuten weiterbraten.

Schalotten abziehen und fein hacken, in der zerlassenen Butter glasig dünsten. Kohlrabi und Möhren hinzufügen, kurz andünsten. Mit Zucker, Salz und Pfeffer würzen. Estragonblättchen abzupfen, einige zum Garnieren beiseite legen, die übrigen zum Gemüse geben. Gemüse zugedeckt 8 Minuten

garen, nach der Hälfte der Garzeit die Erbsen dazugeben. Mit Gewürzen und Zitronensaft ab-schmecken, mit Kräutern garniert zum Cordon bleu servieren.

Putenrouladen mit Käsefüllung

200 g mittelalter Gouda
125 g Gewürzgurken
4 Frühlingszwiebeln
Salz
100 g Zwiebeln
4 dünne Scheiben Putenbrust
weißer Pfeffer aus der Mühle
3 EL Öl
2 EL Butter
125 ml Weißwein
300 ml Sahne
100 g Mascarpone
40 g Kapern

Käse grob raspeln. Gurken längs in sehr feine Scheiben schneiden. Die Frühlingszwiebeln putzen und auf eine Länge von 5 cm schneiden. Eine Minute in kochendem Salzwasser blanchieren, sofort in Eiswasser abschrecken und gut abtropfen lassen. Die Zwiebeln schälen und fein würfeln.

Die Putenbrustscheiben zwischen Klarsichtfolie 1/2 cm flach klopfen. Jede Scheibe mit Salz und Pfeffer würzen und längs mit den Gurkenscheiben belegen. Je eine vorbereitete Frühlingszwiebel darauf legen und mit je 40 g Käse bestreuen. Die Rouladen fest aufrollen, dabei die Seiten etwas einklappen. Mit Küchengarn fest zusammenbinden.

Backofen auf 200 °C vorheizen. Das Öl in einer Pfanne erhitzen und die Rouladen rundherum in ca. 5 Minuten goldbraun anbraten, herausnehmen, nebeneinander in eine feuerfeste Form legen und mit dem restlichen Käse bestreuen. Im Backofen auf der 2. Einschubleiste von unten 15 Minuten garen.

Butter in einer Pfanne erhitzen und die Zwiebeln darin glasig dünsten, mit dem Wein ablöschen und fast vollständig einkochen lassen. Die Sahne dazugeben, sämig einkochen lassen und durch ein Sieb in einen anderen Topf passieren. Mascarpone und Kapern dazugeben. Zum Schluss mit Salz und Pfeffer abschmecken.

Die Rouladen aus der Form nehmen, schräg aufschneiden, auf vorgewärmten Tellern anrichten und mit der Sauce übergießen. Nach Belieben mit Nudeln servieren.

Rindermedaillons mit Käsekruste und Feldsalat

70 g Butter
40 g Gruyère
½ Bund Thymian
25 g Semmelbrösel
schwarzer Pfeffer aus der Mühle
40 g Schalotten
4 Rindermedaillons
Salz
1 EL Öl
125 ml Rotwein
200 ml Rinderfond
(oder Brühe)
1 Prise Zucker

Für den Salat:
130 g Feldsalat
150 g Salatgurke
8 Kirschtomaten
1 – 2 EL Weißweinessig
Salz
Pfeffer aus der Mühle
1 Prise Zucker
7 EL Olivenöl
30 g Gruyère

Für die Rindermedaillons 30 g Butter ins Gefrierfach legen. Käse fein raspeln. Thymianblättchen von den Stielen zupfen und hacken. Käse, Thymian und Semmelbrösel mischen und herzhaft mit Pfeffer würzen. Schalotten schälen und fein würfeln.

Rindermedaillons mit Salz und Pfeffer würzen. 20 g Butter und das Öl in einer Pfanne stark erhitzen. Medaillons hineingeben und bei mittlerer Hitze von jeder Seite 3 Minuten anbraten. Aus der Pfanne nehmen und nebeneinander in eine flache feuerfeste Form legen. Käse-Brösel-Mischung und die restliche, in Flöckchen geschnittene Butter auf den Medaillons verteilen.

Backofen auf 220 °C vorheizen. Medaillons im Backofen 10 Minuten überbacken.

In der Zwischenzeit die Schalotten im Bratfett glasig dünsten. Mit dem Rotwein ablöschen und dicklich einkochen. Dann den Fond dazugeben und ca. 7 Minuten einkochen. Die Sauce mit Salz, Pfeffer und einer Prise Zucker würzen. Zuletzt die tiefgekühlte Butter grob hacken und in die kochende Sauce rühren, weitere 4 Minuten kochen und durch ein Sieb passieren.

Feldsalat putzen, gründlich waschen und trocken schleudern. Gurke längs halbieren, entkernen und in dünne Scheiben schneiden. Tomaten ebenfalls in dünne Scheiben schneiden, Stielansätze dabei herausschneiden. Aus Essig, Salz, Pfeffer, einer Prise Zucker und dem Öl eine Vinaigrette rühren. Feldsalat, Gurke und Tomaten mit der Vinaigrette mischen, auf Portionstellern anrichten, den Käse darüber raspeln. Je 1 Rindermedaillon dazulegen und mit der Sauce beträufeln.

Kalbsschnitzel mit Parmesankruste

150 g Rauke
500 g Zucchini
150 g Kirschtomaten
1 Bund Frühlingszwiebeln
5 EL Olivenöl
2 EL Zitronensaft
4 Kalbsschnitzel
Salz
weißer Pfeffer aus der Mühle
60 g Semmelbrösel
80 g Parmesan
2 Eier
Mehl zum Panieren
3 EL Butterschmalz

Rauke putzen, waschen und trocken schleudern. Zucchini waschen und mit dem Gurkenhobel längs in dünne Scheiben schneiden. Kirschtomaten waschen und halbieren.

Frühlingszwiebeln in feine Ringe schneiden. Olivenöl mit dem Zitronensaft in einer Schüssel verrühren. Zucchini, Kirschtomaten und Frühlingszwiebeln in die Schüssel geben und vorsichtig mit der Sauce mischen. Zugedeckt 30 Minuten stehen lassen.

Kalbsschnitzel zwischen Klarsichtfolie legen und vorsichtig flach klopfen. Mit Salz und Pfeffer würzen. Parmesan sehr fein reiben. Semmelbrösel mit Parmesan mischen, Eier verquirlen. Jedes Schnitzel zuerst durch das Mehl, dann durch das Ei und zuletzt durch die Semmelbrösel ziehen. Panierung fest andrücken. Butterschmalz in einer Pfanne erhitzen und die Schnitzel darin von jeder Seite etwa 3 Minuten goldbraun braten. Kurz auf Küchenkrepp abtropfen lassen.

Rauke unter den Salat mischen und mit Salz und Pfeffer würzen. Salat und Schnitzel auf Tellern anrichten.

Lammkeule mit Gorgonzola-Spinat-Füllung

(für 6 Personen)

750 g Blattspinat
80 g Pinienkerne
200 g Gorgonzola
2 EL Semmelbrösel
2 Eier
Salz
schwarzer Pfeffer aus der Mühle
1 Lammkeule ohne Knochen
(ca. 2 kg)

Spinat putzen, verlesen und mehrfach gründlich in kaltem Wasser waschen. Tropfnass in einen Topf geben, bei mittlerer Hitze im geschlossenen Topf zusammenfallen lassen. In einem Sieb abtropfen lassen. Etwas ausdrücken, grob hacken.

Pinienkerne in einer Pfanne ohne Fett goldbraun rösten. Abkühlen lassen. Gorgonzola entrinden und grob würfeln. Spinat, Gorgonzola, Pinienkerne, Semmelbrösel und die Eier in einer Schüssel verkneten. Die

250 ml Lammfond
1,5 kg sehr kleine Kartoffeln
12 kleine Tomaten
2 Zweige Rosmarin
200 g Chaume
(franz. Butterkäse)

Farce kräftig mit Salz und Pfeffer abschmecken.

Lammkeule mit einem scharfen Messer von der dicken Fettschicht befreien, einen Teil des Fetts aufheben und später in die Saftpfanne zur Keule legen. Lammkeule aufschneiden und auseinander geklappt mit der Hautseite nach unten auf die Arbeitsfläche legen. In das dicke Muskelfleisch der Keule auf beiden Seiten von innen nach außen einen tiefen Einschnitt machen. Den aufgeschnittenen Fleischlappen nach außen klappen und mit einem Fleischklopfer flach klopfen. Fleisch leicht pfeffern und salzen.

Backofen auf 160 °C vorheizen. Die vorbereitete Füllung in die Keulenmitte legen und etwas flach drücken. Die Fleischlappen über die Füllung klappen. Mit einer Spicknadel und Küchengarn die Öffnung mit großen Stichen zunähen. Dann die Keule mit den beiseite gelegten Fettstücken in die Saftpfanne des Backofens legen und 75 Minuten auf der 2. Einschubleiste von unten garen. Nach 10 Minuten Garzeit den Lammfond dazugeben.

In der Zwischenzeit die Kartoffeln schälen und die Tomaten auf der Oberseite kreuzweise einritzen. Nach einer Stunde Garzeit die tropfnassen Kartoffeln um die Keule herum legen und leicht salzen. Die Rosmarinzweige dazwischen legen.

Temperatur auf 180 °C erhöhen und die Keule weitere 40 Minuten zusammen mit den Kartoffeln garen. Zwischendurch die Kartoffeln ab und zu wenden. Nach Ablauf der 40 Minuten sollten die Kartoffeln leicht gebräunt und gar sein. Garprobe machen.

Tomaten mit der eingeritzten Seite nach oben zu den Kartoffeln geben und die Keule weitere 10 Minuten braten. Die Tomaten sollen nicht gar, sondern nur heiß werden.

Keule aus dem Ofen nehmen, Küchengarn entfernen, Keule in eine feuerfeste Form

legen und den in Streifen geschnittenen Käse
darauf legen. Unter dem Grill leicht überbacken. Keule in Scheiben schneiden und mit
den Kartoffeln und den Tomaten auf vorgewärmten Tellern servieren.

Gefüllte Kalbsfilets mit Ziegenfrischkäse

60 g schwarze Oliven
150 g getrocknete Tomaten
in Öl
1 Knoblauchzehe
½ Bund glatte Petersilie
200 g Ziegenfrischkäse
Salz
weißer Pfeffer aus der Mühle
8 Kalbsmedaillons
1 Zwiebel
400 g kleine Zucchini
1 Zitrone
1 Bund Kerbel
400 g Tagliolini
(dünne Bandnudeln)
1 EL Butter
2 EL Olivenöl
50 g mittelalter Gouda
⅛ l Kalbsfond
250 ml Sahne

Das Fruchtfleisch der Oliven vom Stein
schneiden und fein hacken. 50 g getrocknete
Tomaten fein würfeln. Knoblauch pellen und
fein hacken. Petersilie waschen, trocken
schütteln und ebenfalls fein hacken. Oliven,
Tomaten, Knoblauch und Petersilie mit dem
Ziegenfrischkäse mischen. Herzhaft mit Salz
und Pfeffer würzen.

Kalbsmedaillons zwischen Klarsichtfolie
legen und ½ cm flach klopfen. In die Mitte
jeder Fleischscheibe einen gehäuften Esslöffel
Käsefarce setzen. Jede Scheibe wie eine Teig-
tasche zusammenklappen. Fleisch rund um
die Farce etwas andrücken und leicht mit
dem Messerrücken festklopfen. Mit Zahnstochern feststecken.

Zwiebel pellen und fein würfeln. Zucchini
der Länge nach in hauchdünne Streifen
schneiden. Die restlichen getrockneten
Tomaten in ca. 1 cm große Würfel schneiden.
Zitrone heiß abbürsten, Schale fein abreiben
und 2 EL Saft auspressen.

Kerbelblättchen von den Stielen zupfen.
Einige Blättchen zum Garnieren beiseite
legen, den Rest hacken. Nudeln in reichlich
kochendem Salzwasser bissfest garen, in
einem Sieb abtropfen lassen.

Butter und Öl in einer großen Pfanne
erhitzen. Kalbsfilet-Taschen salzen und pfeffern und von jeder Seite 3 Minuten braten.
Aus der Pfanne nehmen. In eine feuerfeste
Form legen und mit dem geraspelten Gouda
bestreuen. Zwiebelwürfel im Bratfett glasig
dünsten. Mit dem Fond ablöschen und auf
die Hälfte einkochen lassen. Sahne dazu-

gießen und cremig einkochen. Nudeln, Zucchini und Tomatenwürfel in die Sahnesauce geben, 5 Minuten leise kochen lassen. Dann mit Zitronenschale, Zitronensaft, Salz und Pfeffer würzen. Zuletzt den gehackten Kerbel untermischen.

Kalbsfilet-Taschen unter dem vorgeheizten Grill 6 Minuten überbacken. Sahnenudeln auf 4 vorgewärmten Tellern anrichten, je 2 gefüllte Kalbsfilets dazulegen und mit den beiseite gelegten Kerbelblättchen garnieren.

Putenschnitzel mit Mascarpone-Pilz-Sauce

300 g Champignons
1 Limette
2 TL Butterschmalz
4 Putenschnitzel
weißer Pfeffer aus der Mühle
1 EL Minzeblättchen
200 g schmale Bandnudeln
Salz
2 EL Öl
2 EL Butter
100 ml heiße Gemüsebrühe
150 g Mascarpone
2 EL Jogurt

Champignons abreiben, blättrig schneiden. Mit wenig Limettensaft beträufeln. In einer Pfanne Butterschmalz erhitzen, Champignons darin dünsten, bis die Flüssigkeit verdampft ist.

Schnitzel abbrausen, trocken tupfen. Mit etwas Limettensaft beträufeln und mit Pfeffer würzen. Minze waschen, trocken schütteln und bis auf wenige Blättchen in Streifen schneiden.

Nudeln in reichlich kochendem Salzwasser bissfest garen, abgießen. Öl und Butter in einer beschichteten Pfanne erhitzen, die Schnitzel darin von beiden Seiten kräftig anbraten und bei milder Hitze in 5 Minuten fertig braten. Warm stellen.

Bratensatz mit der Gemüsebrühe loskochen. Mascarpone und Jogurt glatt rühren, in der Pfanne bei milder Hitze erwärmen. Mit Salz, Pfeffer und Limettensaft ab-schmecken, Minze und Champignons unterheben.

Schnitzel salzen, mit Nudeln und Sauce servieren. Mit Minze garnieren.

Überbackene Putenleber

500 g mehlig kochende
Kartoffeln
300 g Zucchini
4 EL Öl
Salz
schwarzer Pfeffer aus der Mühle
Zitronensaft
500 g Putenleber
2 EL Thymian
1 EL Mehl
2 EL Essig
100 ml heiße Brühe
100 ml Sahne
2 EL Butter
150 ml Milch
Muskat
2 Eier
Fett für die Form
75 g alter Gouda

Kartoffeln gründlich waschen, in wenig Wasser garen. Zucchini putzen, waschen, in dünne Scheiben schneiden. Kurz in 1 EL heißem Öl andünsten. Mit Salz, Pfeffer und Zitronensaft würzen.

Leber kalt abbrausen, trocken tupfen, in dünne Scheiben schneiden. Mit Thymian, Salz und Pfeffer würzen. Leicht in Mehl wenden. Restliches Öl in einer Pfanne erhitzen, Leber darin von allen Seiten kräftig anbraten, herausnehmen. Bratensatz erst mit Essig und Brühe, dann mit Sahne ablöschen und kurz einköcheln.

Backofen auf 225 °C vorheizen. Kartoffeln schälen, noch heiß durch die Presse drücken. Mit so viel Butter und heißer Milch verrühren, bis ein lockeres Püree entsteht. Mit Salz und Muskat abschmecken. Eier trennen. Eigelb unter das Püree rühren. Eiweiß steif schlagen und unterheben.

Eine ovale Auflaufform einfetten, Sauce einfüllen, Leber und Zucchini einschichten. Kartoffelpüree in die Mitte als Haube setzen. Käse darüber streuen und in Backofen ca. 15 Minuten überbacken.

Gratinierte Kalbsschnitzel

8 kleine Kalbsschnitzel
Salz
Pfeffer aus der Mühle
2 EL Zitronensaft · 2 Schalotten
4 feste Tomaten
5 schwarze Oliven
4 EL Olivenöl
1 TL gerebelter Salbei
Fett für die Form
75 g frisch geriebener Parmesan
20 g kalte Butter
Basilikum zum Garnieren

Schnitzel kalt abbrausen, trocken tupfen. Vorsichtig flach drücken, mit Salz, Pfeffer und Zitronensaft würzen. Schalotten abziehen, fein hacken. Tomaten putzen, überbrühen, häuten, entkernen und in kleine Würfel schneiden. Oliven vom Stein lösen, in schmale Spalten schneiden.

Grill vorheizen. Schnitzel in Olivenöl kurz von beiden Seiten anbraten, herausnehmen. Dann im übrigen Bratfett die Schalotten anschwitzen, Tomaten dazugeben. Mit Salz, Pfeffer, Salbei und Zitronensaft würzen.

Ohne Deckel bei sanfter Hitze dicklich einköcheln, Oliven unterheben.

Die Schnitzel samt ausgetretenem Fleischsaft in eine flache gefettete Auflaufform legen, Tomatengemüse darauf geben, Parmesan darüber streuen und die Butter in Flöckchen darauf verteilen.

Für 2 Minuten unter den Grill schieben und goldbraun übergrillen. Auf Tellern anrichten. Nach Belieben mit Basilikum garnieren und mit Baguette servieren.

Kalbsröllchen in Möhrensauce

8 Kalbsschnitzel

Salz

Pfeffer aus der Mühle

8 Scheiben Südtiroler Speck

2 Knoblauchzehen

3 Bund glatte Petersilie

30 g Haselnüsse

100 ml Olivenöl

70 g Parmesan

250 g Möhren

Mehl zum Wenden

2 Eier

200 ml heiße Gemüsebrühe

1 Limette

Fleisch salzen und pfeffern, mit je einer Scheibe Speck belegen. Knoblauch abziehen. Petersilie bis auf einige Blättchen zum Garnieren mit den Nüssen, 50 ml Olivenöl, Knoblauch und 30 g Parmesan pürieren und auf den Speck streichen.

Möhren waschen, putzen, eine davon in winzige Würfel schneiden und in Salzwasser blanchieren, auf die Petersilien-Mischung geben. Fleischscheiben aufrollen, mit Holzspießchen fest stecken. Den übrigen Parmesan reiben, Eier verquirlen. Fleischröllchen in Mehl wenden, in Ei und Parmesan panieren.

Die übrigen Möhren würfeln, in der Brühe weich dünsten, dann pürieren, mit abgeriebener Limettenschale und mit Salz ab-schmecken. Das restliche Öl in einer Pfanne erhitzen und die Kalbsröllchen darin bei mäßiger Hitze rund herum braten. Röllchen mit der Sauce servieren, mit Petersilie garnieren. Dazu passt Reis.

Überbackenes Paprikakotelett

4 Schweinekoteletts
Salz
Pfeffer aus der Mühle
Paprikapulver, edelsüß
1 rote Paprikaschote
4 EL Öl
150 g Gouda
1 Bund Schnittlauch

Koteletts trocken tupfen und mit Salz, Pfeffer und Paprikapulver würzen. Paprikaschote quer halbieren und waschen, Kerne und weiße Innenhaut entfernen, in dünne Ringe schneiden.

Öl in einer Pfanne erhitzen, Paprikaringe kurz darin dünsten, aus der Pfanne nehmen, anschließend die Koteletts darin braten.

Käse fein reiben und Schnittlauch in Röllchen schneiden. Paprikaringe auf die gebratenen Koteletts legen und den Käse darüber streuen. Zugedeckt nochmals erhitzen, bis der Käse schmilzt. Zum Servieren mit Schnittlauchröllchen bestreuen.

Rinderfilet mit Mascarpone-Creme

500 g Rinderfilet
schwarzer Pfeffer aus der Mühle
3 EL Butterschmalz
Salz
250 g Mascarpone
100 g Limburger
etwas abgeriebene
Zitronenschale
Cayennepfeffer
200 g blaue Trauben
200 g gelbe Trauben
4 cl Cognac

Backofen auf 100 °C vorheizen. Fett und Sehnen vom Filet abschneiden, mit Pfeffer einreiben. Schmalz in einer Pfanne erhitzen, Fleisch darin rund herum kräftig anbraten, salzen und in Alufolie wickeln. Im Backofen ca. 20 Minuten ziehen lassen.

Mascarpone in einem Topf verrühren, langsam erhitzen. Limburger entrinden, klein schneiden und in der heißen Creme unter Rühren auflösen. Mit Zitronenschale, Salz und Cayennepfeffer pikant würzen.

Trauben waschen, halbieren und entkernen. Im Bratfond leicht erwärmen, herausnehmen. Bratfond mit Cognac ablöschen, unter Rühren loskochen, dann unter die Käsecreme ziehen, abschmecken.

Filet in Scheiben schneiden, mit den Trauben und der Sauce anrichten.

Kalbsmedaillons auf Käse-Sahne-Zucchini

$^1/_4$ l Sahne

150 g Crème fraîche

4 Zucchini

50 g Parmesan

1 Bund Basilikum

Salz

weißer Pfeffer aus der Mühle

1 Knoblauchzehe

1 EL heller Saucenbinder

4 Kalbsmedaillons

20 g Butterschmalz

Sahne und 100 g Crème fraîche in einer Pfanne oder einem breiten Topf offen 10 Minuten cremig einkochen. Zucchini waschen, putzen und in dünne Scheiben schneiden. Parmesan fein reiben. Vom Basilikum die Blättchen abzupfen, einige zum Garnieren beiseite legen, den Rest in nicht zu feine Streifen schneiden.

Knoblauchzehe pellen und durch die Presse drücken. Die eingekochte Sahne mit Salz, Pfeffer und Knoblauch würzen. Sahne mit Saucenbinder aufkochen, bis sie sehr dick ist, dann beiseite stellen.

Kalbsmedaillons von beiden Seiten mit Salz und Pfeffer würzen und im sehr heißen Butterschmalz von jeder Seite eine Minute scharf anbraten, dann aus der Pfanne nehmen. Zucchini in der Pfanne bei mittlerer Hitze rundum anbraten, mit Salz und Pfeffer würzen. Eingekochte Sahne und Basilikumstreifen untermischen. Zucchini auf 4 feuerfeste, flache Förmchen verteilen.

Backofen auf 200 °C vorheizen. Kalbsmedaillons auf die Sahne-Zucchini setzen und den Parmesan darüber streuen. Die restliche Crème fraîche auf dem Parmesan verteilen. Im Backofen auf der 2. Einschubleiste von oben 10 Minuten überbacken. Danach 3 Minuten unter dem Grill überbräunen.

Poulardenbrust mit Tomaten-Pfeffer-Kruste

110 g Butter

50 g getrocknete Tomaten

3 Scheiben Weizentoastbrot

75 g Parmesan

2 EL gestoßener schwarzer
Pfeffer

100 g Schalotten

3 Knoblauchzehen

200 g Risotto-Reis

1 Döschen Safran

600 ml heiße Hühnerbrühe

Salz

1 kg Blattspinat

4 Poulardenbrustfilets

20 g Butterschmalz

125 g Crème double

etwas Muskat

2 Zweige Thymian

Für die Kruste 70 g weiche Butter cremig rühren. Tomaten in kleine Würfel schneiden. Toastbrot entrinden und im Mixer fein mahlen. Butter mit Toast, Parmesan, Pfeffer und den Tomatenwürfeln mischen.

Schalotten und Knoblauch pellen und fein würfeln. Die Hälfte davon in 20 g Butter andünsten. Risotto-Reis und Safran dazugeben, mit Hühnerbrühe auffüllen und im geschlossenen Topf bei sehr milder Hitze ca. 25 Minuten garen, salzen.

In der Zwischenzeit den Spinat putzen, waschen und auf einem Sieb abtropfen lassen. Backofen auf 220 °C vorheizen. Poulardenbrüste salzen und im Butterschmalz bei starker Hitze rundum 2 Minuten braten. Dann die Pfefferkruste gleichmäßig auf dem Fleisch verteilen. Poulardenbrüste auf der 3. Einschubleiste von unten 15 Minuten überbacken, bis die Kruste goldbraun ist.

Die restlichen Schalotten- und Knoblauchwürfel in der restlichen Butter andünsten. Spinat dazugeben und im geschlossenen Topf bei mittlerer Hitze ca. 5 Minuten zusammenfallen lassen. Dabei ab und zu umrühren. Spinat auf einem Sieb gut abtropfen lassen. Im Topf die Crème double ca. 3 Minuten dicklich einköcheln lassen. Spinat dazugeben und mit Salz und Muskatnuss würzen.

Zum Servieren Safran-Risotto und Spinat auf vorgewärmten Tellern anrichten. Poulardenbrüste daneben setzen. Mit Thymian garniert servieren.

Lamm-Frikadellen mit Schafskäse

(30 Stück)

3 Knoblauchzehen
1 Zwiebel
1 Bund Thymian
3 Scheiben Weizentoastbrot
600 g mageres Lammhackfleisch
3 Eier
1 EL Ketschup
Salz
schwarzer Pfeffer aus der Mühle
200 g Schafskäse
Öl zum Braten

Knoblauch pellen und durch die Presse drücken. Zwiebel fein würfeln. Thymianblättchen von den Stielen zupfen und fein hacken. Toastscheiben in kaltem Wasser einweichen, gut ausdrücken und mit Lammhack, Eiern, Knoblauch, Zwiebelwürfeln, Ketschup und Thymianblättchen verkneten. Mit Salz und Pfeffer herzhaft würzen.

Schafskäse in 30 Stücke schneiden. Aus der Hackmasse ebenso viele kleine Frikadellen formen und in jede ein Stück Schafskäse drücken.

Öl in 2 großen Pfannen erhitzen, Frikadellen darin bei milder Hitze von beiden Seiten ca. 6 Minuten braten. Z. B. mit Salat und Tomate im Hamburger-Brötchen servieren.

Putenbrust in Cambozolasauce

4 Scheiben Putenbrust
Salz
weißer Pfeffer aus der Mühle
etwas Mehl
2 Zwiebeln
2 EL Olivenöl
1/4 l Wein
150 g Cambozola
100 ml Sahne
2 EL eingelegter grüner Pfeffer
(abgetropft)
1/2 Bund Petersilie

Putenbrustscheiben mit Salz und Pfeffer würzen und mit Mehl bestäuben. Zwiebeln pellen, halbieren und in Ringe schneiden. Öl in einer Pfanne erhitzen und die Zwiebelringe darin glasig dünsten, Fleisch portionsweise darin anbraten und aus der Pfanne nehmen.

Fleisch in eine feuerfeste Form schichten, Backofen auf 180 °C vorheizen. Wein, zerdrückten Käse, Sahne, grünen Pfeffer und die Hälfte der Petersilie, fein gehackt, dazugeben, etwas einkochen lassen. Mit Salz und Pfeffer abschmecken und über das Fleisch gießen. Im Backofen 15 Minuten gratinieren. Zum Servieren die restliche Petersilie darüber streuen und nach Belieben Nudeln dazureichen.

Gorgonzola-Filet

500 g Schweinefilet
100 g Gorgonzola
100 g Kräuterfrischkäse
1 Bund Basilikum
4 EL Olivenöl
$\frac{1}{8}$ l Weißwein
$\frac{1}{8}$ l heiße Fleischbrühe
2 Zwiebeln
Salz
weißer Pfeffer aus der Mühle

Filet in vier gleich große Stücke schneiden und in jedes Stück eine Tasche schneiden. Gorgonzola und die Hälfte des Frischkäses vermischen. Basilikum abbrausen, trocken tupfen und die Blättchen abzupfen. Jeweils ein Viertel der Käsemischung in die Filetstücke füllen, einige Basilikumblättchen dazugeben und mit Zahnstochern die Öffnungen verschließen.

Öl in einer Pfanne erhitzen, Fleisch darin von allen Seiten anbraten. Zwiebeln pellen und fein würfeln, mit Wein und Brühe zum Fleisch geben und zugedeckt 5–7 Minuten schmoren. Restlichen Frischkäse in die Sauce rühren.

Zum Servieren die übrigen Basilikumblättchen in Streifen schneiden und in die Sauce geben.

Desserts, Kuchen und Torten

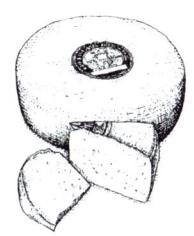

Espressocreme mit Amaretto-Kirschen

(für 6 Personen)

500 g Mascarpone
75 g Puderzucker
100 ml Amaretto
10 g Espressokaffeepulver
650 g Süßkirschen
1 EL Hagelzucker
25 g Amarettini
(ital. Mandelmakronen)
¹/₈ l Weißwein
100 g Zucker

Den kalten Mascarpone mit dem gesiebten Puderzucker und 6 EL Amaretto schnell verrühren. Espressopulver bis auf $1/2$ TL untermischen und kalt stellen. Kirschen waschen, halbieren, Stein vorsichtig herauslösen. Kirschen mit dem restlichen Amaretto mischen. Hagelzucker darüber streuen.

Espressocreme in einer Schale anrichten. Kirschen dazugeben, mit dem restlichen Espressopulver bestreuen und mit den Amarettini dekorieren.

Ricotta mit Himbeeren und Honig

(für 8 Personen)

80 g Zucker

100 g Mandeln

1 TL Öl fürs Blech

50 g Rosinen

8 EL Vino Santo

(ital. Dessertwein)

2 unbehandelte Zitronen

2 unbehandelte Orangen

1 kg Ricotta

2 Eigelb

30 g Puderzucker

6 TL Kastanienhonig

450 g Himbeeren

1 EL brauner Zucker

Zucker in einem Topf bei mittlerer Hitze karamellisieren. Mandeln dazugeben und vorsichtig umrühren. Den noch flüssigen Mandelkrokant vorsichtig auf ein gefettetes Blech gießen und sehr gut auskühlen lassen. Karamell mit einem großen Messer grob hacken und danach bröselig mahlen. Der Mandelkrokant soll noch knacken, wenn man darauf beißt.

Rosinen in 6 EL Vino Santo marinieren. Zitronen- und Orangenschale fein abreiben. 1 Zitrone auspressen. Ricotta in einem Küchentuch leicht ausdrücken. Eigelb mit Puderzucker cremig aufschlagen. Ricotta, Orangen- und Zitronenschale, 2 EL Zitronensaft, Rosinen, die Hälfte des Mandelkrokants und 3 TL Honig dazugeben. Alles gut verrühren und etwa 3 Stunden kalt stellen.

In der Zwischenzeit 150 g Himbeeren mit dem restlichen Vino Santo und dem braunen Zucker pürieren und durch ein Sieb passieren. Die restlichen Himbeeren unterheben.

Ricotta in einer großen Schüssel anrichten. Den restlichen Mandelkrokant darüber streuen. Den restlichen Honig darauf verteilen. Mit den marinierten Himbeeren servieren.

Geschichteter Erdbeer-Vanille-Quark

(für 10 Personen)

Für den Erdbeerquark:

250 g Erdbeeren

75 g Zucker

500 g Magerquark

1 Pck. gemahlene weiße

Gelatine

150 ml Sahne · 1 Eiweiß

Erdbeeren waschen, putzen, mit 2 EL Zucker bestreuen und etwas ziehen lassen. Quark mit dem restlichen Zucker verrühren. Erdbeeren pürieren und unter den Quark ziehen.

Gelatine nach Packungsanweisung auflösen, etwas abkühlen lassen und unterrühren. Sahne und Eiweiß separat steif schlagen. Sobald der Quark beginnt zu ge-

Für den Vanillequark:
2 Eigelb
2 Pck. Vanillezucker
50 g Zucker
1 Flasche Vanillesauce
500 g Magerquark
4 Blatt weiße Gelatine
150 ml Sahne
1 Eiweiß
2 Flaschen Erdbeersauce

lieren, erst die Sahne, dann das Eiweiß vorsichtig unterziehen.

Für den Vanillequark Eigelb mit 1 Päckchen Vanillezucker und Zucker cremig rühren. Vanillesauce, das 2. Päckchen Vanillezucker und Quark zufügen und alles zu einer glatten Creme rühren. Gelatine in kaltem Wasser einweichen, nach Packungsanweisung auflösen, etwas abkühlen lassen und unterziehen. Sahne und Eiweiß steif schlagen. Sobald der Quark beginnt zu gelieren, erst die Sahne, dann das Eiweiß vorsichtig unterziehen.

Die Hälfte der Erdbeerquarkspeise in eine Kastenform füllen, glatt streichen, dann die Hälfte der Vanillequarkspeise darauf geben und glatt streichen. So weiter verfahren mit der restlichen Quarkspeise. Den geschichteten Quark mindesten 3 Stunden kalt stellen. Zum Stürzen die Form kurz in warmes Wasser stellen. Zum Servieren den Quark in Scheiben schneiden und mit der Erdbeersauce anrichten.

Apfelkompott mit Mascarpone-Calvados-Creme

(für 6 Personen)

1 kg säuerliche Äpfel
1 Vanilleschote
¹/₈ l Weißwein
50 g Zucker
¹/₂ TL abgeriebene
Zitronenschale
3 Blatt weiße Gelatine
2 Eigelb
50 g Puderzucker
5 EL Calvados
500 g Mascarpone
150 g kleine Makronen

Äpfel schälen, vierteln, Kerngehäuse heraus schneiden und die Äpfel in dicke Spalten schneiden. Vanilleschote aufschlitzen. Äpfel, Vanilleschote, Weißwein, Zucker und Zitronenschale in einem geschlossenen Topf bei milder Hitze 12 Minuten garen. Ab und zu vorsichtig umrühren. Die Apfelspalten sollen weich sein, aber nicht zerfallen. Apfelkompott im offenen Topf kalt werden lassen. Vanilleschote herausnehmen.

Gelatine in kaltem Wasser einweichen. Eigelb und Puderzucker mit 3 EL Calvados schaumig rühren. Gelatine tropfnass bei milder Hitze auflösen und mit dem Schneebesen unter die Eigelb-Zucker-Mischung rühren. Mascarpone mit dem Schneebesen unterrühren. Creme leicht stocken lassen.

12 Makronen beiseite stellen, die restlichen grob zerdrücken und mit dem restlichen Calvados tränken. Mascarponecreme, Makronenstücke und Apfelkompott im Wechsel in eine Schüssel schichten und mit den ganzen Makronen dekorieren. Bis zum Servieren kalt stellen.

Schokoladen-Tirami-su

(für 8 Personen)

200 ml Milch
3 EL Zucker
9 EL Kakaopulver
4 EL Kaffeelikör
4 Eigelb
4 EL Puderzucker
500 g Mascarpone
1 Biskuit-Tortenboden (hell,
ca. 300 g, 26 cm Durchmesser)
50 g dunkle Kuvertüre

Milch mit Zucker zum Kochen bringen. 3 EL Kakaopulver mit dem Likör glatt rühren und unter die heiße Milch rühren. Kalt stellen.

Eigelb und Puderzucker mit den Quirlen des Handrührers schaumig aufschlagen. Mascarpone unterrühren.

Biskuitboden horizontal durchschneiden, die untere Hälfte in eine passende Form setzen. Falls Sie eine quadratische Form verwenden, schneiden Sie den Teig entsprechen zurecht. Teig mit der Hälfte der Kakaomilch beträufeln, die Hälfte der Kuvertüre mit dem Sparschäler darüber raspeln und 2 EL Kakaopulver darüber stäuben.

Die Hälfte der Mascarponecreme darauf verteilen und glatt streichen. Die zweite Biskuithälfte darauf setzen und leicht andrücken, mit der restlichen Kakaomilch beträufeln. Die restliche Mascarponecreme darauf streichen, mit dem restlichen Kakaopulver bestäuben und die Kuvertüre darüber raspeln. Vor dem Servieren mindestens 2 Stunden kalt stellen.

Ricotta-Eis mit Aprikosen-Kompott

(für 8 Personen)

Für das Eis:

500 g Ricotta · 5 Eigelb

100 g Puderzucker

³/₈ l Sahne · 2 EL Amaretto

1 EL brauner Rum

1 TL dünn abgeriebene

Limettenschale

Für das Kompott:

750 g Aprikosen

¹/₈ l Weißwein

100 g Zucker

Zum Dekorieren:

100 g Puderzucker

50 g Pinienkerne

etwas Öl

20 g ausgelöste Pistazienkerne

Ricotta durch ein Sieb streichen, Eigelb und Puderzucker schaumig schlagen. Sahne steif schlagen. Ricotta unter den Eigelbschaum heben, Amaretto, Rum und die Limettenschale dazugeben. Die feste Sahne mit dem Schneebesen unterheben. Die Masse in eine Schüssel geben und für mindestens 4 Stunden ins Gefriergerät stellen.

Für das Kompott die Aprikosen in kochendes Wasser tauchen, kalt abschrecken, häuten. Aprikosen halbieren und entkernen.

Wein mit Zucker in einem Topf aufkochen. Aprikosenhälften darin zugedeckt bei milder Hitze 8 Minuten weich dünsten. Zugedeckt im Sud erkalten lassen.

Für den Krokant den Puderzucker in einem Topf mit dickem Boden zu braunem Karamell schmelzen, Pinienkerne unterrühren. Krokant auf ein geöltes Backblech gießen und mit dem geölten Wellholz flach drücken. Nach dem Erkalten den Krokant in einen Gefrierbeutel stecken und mit dem Wellholz grob zerdrücken.

Ricotta-Eis eine Stunde vor dem Servieren im Kühlschrank antauen lassen. Mit einem Portionierer auf vorgekühlte Teller 2–3 Kugeln setzen, das Aprikosenkompott darum herum verteilen. Das Eis mit Krokant und den halbierten Pistazienkernen bestreut servieren.

Quarksoufflés mit Rhabarberkompott

(für 6 Personen)

400 g Rhabarber
150 ml Kirschsaft
150 g Zucker und Zucker
für die Förmchen
Zimt
1 gestr. EL Speisestärke
10 g Butter
80 g Magerquark
2 Eier
1 Eiweiß
abgeriebene Schale einer
unbehandelten Zitrone
etwas Puderzucker zum
Bestäuben

Rhabarber waschen, putzen und schräg in 3 cm lange Stücke schneiden. Kirschsaft, 80 g Zucker und 1 Prise Zimt aufkochen. Speisestärke mit 2 EL kaltem Wasser anrühren, in den Kirschsaft geben und 5 Minuten köcheln lassen. Rhabarberstücke dazugeben, einmal aufkochen, von der Kochstelle nehmen und abkühlen lassen.

6 Soufflé-Förmchen (à 125 ml Inhalt) mit Butter ausstreichen und mit Zucker bestreuen. Backofen auf 180 °C vorheizen. Saftpfanne auf die unterste Einschubleiste schieben und 2 cm hoch mit heißem Wasser füllen.

Quark durch ein Sieb streichen. Eier trennen. Eigelb, 40 g Zucker und Zitronenschale schaumig schlagen, Quark dazugeben und glatt rühren. Eiweiß mit dem restlichen Zucker steif schlagen und unter die Quarkmasse heben.

Die Masse in die Förmchen füllen und im Wasserbad ca. 20 Minuten backen. Ofentür so lange geschlossen halten. Soufflés herausnehmen, mit Puderzucker bestäuben und sofort mit dem Kompott servieren.

Orangencreme mit Mandelblättchen

2 Eier
250 g Mascarpone
1 EL (brauner) Zucker
abgeriebene Schale und Saft
einer unbehandelten Orange
5 EL Orangenlikör
12 Löffelbiskuits
75 g Mandelblättchen

Eier trennen. Mascarpone mit Zucker und Eigelb cremig rühren. Eiweiß steif schlagen und mit der Orangenschale unterheben. Orangensaft mit Likör mischen. Löffelbiskuits hineintauchen. Biskuits und Creme in eine Schüssel schichten. Mandelblättchen in einer beschichteten Pfanne ohne Fett rösten und über die Creme streuen. Sofort servieren.

Eclairs mit Frischkäsecreme und Brombeeren

Für den Brandteig:
150 g Mehl
50 g Butter
1 Prise Salz
4 Eier
Puderzucker zum Bestäuben

Für die Füllung:
200 g Frischkäse
100 g Zucker
1 TL Zitronensaft
100 ml Sahne
6 Blatt Gelatine
3 EL Brombeerkonfitüre
150 g (TK-)Brombeeren

Backofen auf 200 °C vorheizen. Ein großes Backblech mit Backpapier auslegen. Mehl auf einen Teller sieben. $^1/_4$ l Wasser mit Butter und Salz aufkochen. Unter Rühren das Mehl auf einmal hineinschütten und bei mittlerer Hitze so lange weiterrühren, bis sich der Teig als Kloß vom Topfboden löst.

Kloß in eine Schüssel geben, zuerst ein Ei, nach und nach die übrigen Eier unterrühren. Teig in einen Spritzbeutel mit großer gezackter Lochtülle füllen. Im Abstand von 5 cm ca. 16–18 Streifen von 10 cm Länge auf das Backblech spritzen.

Ein Schüsselchen mit Wasser auf den Boden des Backofens stellen, Backblech auf die 2. Schiene von unten schieben und 30 Minuten backen, bis der Teig sich bräunt. Gebäck aus dem Ofen nehmen und sofort waagerecht aufschneiden, abkühlen lassen.

Für die Füllung den Käse mit Zucker und Zitronensaft cremig rühren. Sahne steif schlagen. Gelatine in kaltem Wasser einweichen, tropfnass mit 1 EL Wasser erhitzen und auflösen, rasch unter den Frischkäse rühren. Sahne und Brombeerkonfitüre unterheben. Creme kalt stellen.

Brombeeren waschen, entstielen und auf Küchenpapier abtropfen lassen. Frischkäsecreme in einen Spritzbeutel mit großer Lochtülle füllen und auf die unteren Gebäckhälften spritzen, einige Brombeeren hineindrücken. Die oberen Gebäckhälften aufsetzen und die Eclairs mit Puderzucker bestreut sofort servieren.

Eistorte Cassata Siciliana

(1 Kastenform von 28 cm Länge)

Für den Mandelbiskuit:
Butter für ein großes Blech
150 g fein gemahlene Mandeln
150 g Puderzucker
40 g Mehl
4 Eier
30 g Butter
4 Eiweiß
25 g Zucker
Öl für die Form
70 ml Marsala

Für die Füllung:
4 Eigelb
80 g Zucker
250 g Ricotta
60 g Puderzucker
3 cl Mandellikör
3 cl Marsala
250 ml Sahne
40 g gehackte
Halbbitter-Kuvertüre
40 g gehackte kandierte
Früchte

Zum Verzieren:
150 ml Sahne
30 g geraspelte
Halbbitter-Kuvertüre

Ein großes Blech leicht mit Butter einfetten und mit Backpapier auslegen. Backofen auf 225° C vorheizen. Die gemahlenen Mandeln mit Puderzucker und Mehl in eine Schüssel geben. 2 Eier dazugeben und mit dem Schneebesen schaumig aufschlagen. Die beiden übrigen Eier in einer 2. Schüssel verquirlen, nach und nach unter die Masse schlagen, 10 – 15 Minuten weiter schlagen.

Butter schmelzen, Eiweiß mit Zucker zu einem cremigen Schnee schlagen. Butter unter die Eigelbmasse ziehen, Eischnee unterheben. Biskuitmasse auf das vorbereitete Blech streichen, sofort 8 Minuten in Ofenmitte backen, dann den Biskuit mit dem Papier vom Blech ziehen und erkalten lassen.

Für die Füllung Eigelb und Zucker mit dem Schneebesen über dem Wasserbad warm aufschlagen. Danach mit dem Handmixer kalt schlagen. Ricotta durch ein Sieb drücken, mit Puderzucker verrühren und unter das Eigelb ziehen. Mandellikör und Marsala unterrühren. Sahne halb steif schlagen und mit der Kuvertüre und den kandierten Früchten unter die Käsemasse heben.

Kastenform etwas einölen und mit Klarsichtfolie auslegen. Bikuitmasse mit Marsala tränken und auf die Größe der Form für Boden, Seitenwände und Deckel zuschneiden. Form damit auslegen. Deckel beiseite legen. Käsemasse hineinfüllen und die Cassata mindestens 3 Stunden in das Tiefkühlfach stellen.

Nach dem Einfrieren und vor dem Servieren den Biskuitdeckel auflegen. Cassata stürzen. Für die Verzierung die Sahne steif schlagen, in einen Spritzbeutel mit Sterntülle füllen und dicht nebeneinander Rosetten aufspritzen, mit Schokolade bestreuen.

Quark-Gratin mit Beeren

(für 4 – 6 Personen)

500 g Sahnequark

150 g Himbeeren

150 g Brombeeren

150 g Heidelbeeren

150 g rote Johannisbeeren

(ersatzweise 500 g

gemischte TK-Beeren)

1 Vanilleschote

4 Eier

200 g Puderzucker

50 g Speisestärke

2 EL Rum

Salz

fein abgeriebene Schale einer

halben unbehandelten Zitrone

1 Limette

Quark in einem feinen Sieb abtropfen lassen. Beeren waschen, verlesen, auf einem Tablett ausbreiten und für 15 Minuten in das Gefrierfach schieben. TK-Beeren nur leicht antauen und voneinander trennen, evtl. danach noch einmal ins Gefrierfach schieben. So bleiben die Beeren beim Backen saftiger und sehen frischer aus.

Backofen auf 180° C vorheizen. Vanilleschote längs aufschlitzen und das Mark herauskratzen. Eier trennen. Quark, Vanillemark, Eigelb, 80 g Puderzucker und Speisestärke gut mit dem Rum verrühren. Eiweiß, eine Prise Salz und 100 g Puderzucker zu einem steifen Schnee schlagen und vorsichtig unter die Quarkmasse heben.

Drei Viertel der gut gekühlten Beeren unter den Teig heben und in eine beschichtete Gratinform geben. Die restlichen Beeren darauf verteilen.

Auf der 2. Einschubleiste von unten ca. 30 Minuten backen, danach 10 Minuten bei leicht geöffneter Tür im ausgeschalteten Backofen nachziehen lassen.

Limette heiß abwaschen und die Schale fein abreiben. Zum Servieren das Gratin mit dem restlichen Puderzucker und der Zitronen- und Limettenschale bestreuen.

Johannisbeer-Mascarpone-Törtchen

Für den Teig:
200 g Rohmarzipan
150 g Mehl
Mehl zum Bearbeiten
1 Ei
75 g Butter
Butter für die Förmchen
5 Tropfen Bittermandelöl
40 g Zucker
1 Prise Salz

Für die Füllung:
500 g Mascarpone
1 Ei
80 g Zucker
1 Pck. Vanillezucker
3 gestr. EL Vanillepuddingpulver
150 g rote Johannisbeeren

Marzipan mit Mehl, Ei, Butter, Bittermandelöl, Zucker und Salz von Hand zu einem geschmeidigen Teig verkneten, in Frischhaltefolie wickeln und im Kühlschrank 2 Stunden ruhen lassen.

Backofen auf 175 °C vorheizen. 12 runde Förmchen mit gewelltem Rand gut einfetten und mit Mehl ausstäuben. Teig dünn ausrollen und die Förmchen damit auslegen. 8 Minuten in der Mitte des Ofens vorbacken, dann gut auskühlen lassen.

Für die Füllung den Mascarpone mit Ei, Zucker, Vanillezucker und Puddingpulver zu einer glatten Creme verrühren. Johannisbeeren waschen, trocken tupfen. Beeren abzupfen.

Auf jedes Marzipantörtchen etwas von der Mascarponecreme geben. Johannisbeeren darüber verteilen und leicht hineindrücken. In Ofenmitte 20 Minuten backen, danach in den Förmchen abkühlen lassen und vorsichtig herausnehmen.

Ricotta-Strudel mit Sauerkirschen

Für die Füllung:
300 g Sauerkirschen
250 g Ricotta
70 g Zucker
abgeriebene Schale einer
halben unbehandelten Zitrone
4 EL Kirschwasser
2 Eier
1 Prise Salz
50 g Mandelstifte
Puderzucker zum Bestäuben

Kirschen abbrausen, Wasser gut abschütteln, Stiele und Kerne entfernen. Ricotta mit Zucker, Zitronenschale und Kirschwasser vermengen. Eier trennen. Eigelb unter die Ricottamasse rühren. Eiweiß mit einer Prise Salz steif schlagen, vorsichtig unter die Käsemasse heben.

Backofen auf 175 °C vorheizen. Teigblätter auf der Arbeitsfläche vorsichtig auseinander falten. Milch mit der Butter erhitzen, Backblech mit Backpapier auslegen. 1 Teigblatt auf das Blech legen, leicht mit der Milch-Butter-Mischung bestreichen. Mit 4 weiteren Teigblättern genauso verfahren und alle aufeinander schichten.

Für den Teig:
6 Fillo-Teigblätter (225 g)
75 ml Milch
30 g Butter

Ricottafüllung in einem länglichen Strang auf das oberste Teigblatt streichen, oben und unten ein Stück Teig frei lassen. Kirschen und Mandelstifte auf den Käse geben. Die Enden des Teigs knapp einschlagen und die Längsseiten übereinander schlagen.

Das letzte Fillo-Blatt mit der Milch-Mischung nur wenig befeuchten, vorsichtig um den Strudel wickeln, mit Milch-Mischung bestreichen. Strudel auf der 2. Schiene von unten 45 Minuten backen, bis der Teig goldbraun ist. Oberfläche zwischendurch zweimal mit der Milch-Mischung bestreichen. Strudel warm oder abgekühlt mit Puderzucker bestreut servieren.

Sächsischer Osterkuchen

200 g Mehl
1 Ei
Salz
175 g Butter
175 g Zucker
1 Pck. Vanillezucker
500 g Magerquark
5 Eigelb
2 EL Arrak
1 Msp. Safran
50 g gemahlene Mandeln
80 g Korinthen
abgeriebene Schale einer
unbehandelten Zitrone
1/8 l Sahne
Mehl zum Bearbeiten
Zucker zum Bestreuen

Mehl auf die Arbeitsfläche schütten, eine Mulde hineindrücken, Ei und 1 Prise Salz hineingeben. 125 g Butter in Flöckchen, 75 g Zucker und Vanillezucker auf dem Mehlrand verteilen. Von der Mitte her alle Zutaten rasch zu einem glatten Teig verkneten, eine Kugel daraus formen, in Klarsichtfolie wickeln und 40 Minuten kalt stellen.

Quark in ein Sieb geben und abtropfen lassen, 4 Eigelb mit dem restlichen Zucker, Arrak und Safran cremig aufschlagen, bis der Zucker sich ganz aufgelöst hat. Der Reihe nach Mandeln, Korinthen, Zitronenschale, die restliche zerlassene Butter, Sahne und zum Schluss den Quark unterrühren.

Backofen auf 175 °C vorheizen. Teig auf einer mit Mehl bestäubten Arbeitsfläche zu einem Kreis von 30 cm Durchmesser ausrollen, in eine Springform mit 26 cm Durchmesser legen, den Rand bis zur Hälfte des Springformrandes hochziehen und fest andrücken. Quarkmasse hineinfüllen.

Kuchen im Backofen auf der 2. Einschubleiste von unten 50 Minuten backen. Das restliche Eigelb mit 1 TL Wasser verrühren. Den Kuchen damit beträufeln und dann weitere 10 Minuten auf dem Boden des Backofens backen. Dann den Kuchen herausnehmen und in der Form 20 Minuten ruhen lassen.

Mit einem spitzen Messer den Kuchen vom Springformrand lösen, Rand der Form abnehmen. Kuchen vorsichtig von der Springformplatte lösen und auf eine Kuchenplatte legen. Mit Zucker bestreuen und möglichst lauwarm servieren.

Mascarpone-Torte

3 Eier
1 Prise Salz
90 g Zucker
30 g Speisestärke
60 g Mehl
3 EL Espressopulver
7 EL Cognac
⅛ l Sahne
250 g Magerquark
4 EL Puderzucker
500 g Mascarpone
Kakaopulver zum Bestäuben

Eier trennen, Eiweiß mit 1 Prise Salz und 30 g Zucker steif schlagen. Eigelb mit dem restlichen Zucker und 3 EL lauwarmem Wasser zu einer cremigen weißen Masse aufschlagen.

Eischnee auf die Eigelbmasse geben, Speise-stärke und Mehl mischen und darüber sieben. Alles mit einem Schneebesen vorsichtig unter die Eigelbmasse heben.

Backofen auf 175 °C vorheizen. Boden einer Springform (26 cm Durchmesser) mit Backtrennpapier auslegen, den Teig darauf geben und glatt streichen. Im Backofen auf der 2. Einschubleiste von unten ca. 30 Minuten backen. Form auf ein Kuchengitter stellen und den Biskuit auskühlen lassen.

100 ml heißes Wasser mit dem Espressopulver mischen, 2 EL Cognac unterrühren und abkühlen lassen.

Biskuit aus der Form lösen und mit der Espressomischung beträufeln. Sahne steif schlagen. Quark, Puderzucker und Mascarpone mit dem restlichen Cognac aufschlagen, Sahne unterheben, Creme kuppelförmig auf den Biskuit streichen, dabei auch den Tortenrand einstreichen.

Mit einer nassen Gabel Muster in die Creme ziehen, die Torte abdecken und mindestens 6 Stunden kalt stellen. Vor dem Servieren mit Kakao bestäuben.

Frischkäse-Torte

150 g Löffelbiskuits
125 g Butter
1 Beutel Götterspeise
(Zitronengeschmack)
200 g Doppelrahm-Frischkäse
125 g Zucker
1 Pck. Vanillezucker
2 EL Zitronensaft
2 unbehandelte Zitronen
$\frac{1}{8}$ l Sahne

Löffelbiskuits in einen Gefrierbeutel geben, mit dem Wellholz darüber fahren, bis der Biskuit feinkrümelig ist. Butter zerlassen, mit Biskuitbröseln verkneten. Masse gleichmäßig auf dem Boden einer Springform (26 cm Durchmesser) verteilen, andrücken. Kalt stellen.

Götterspeise mit 200 ml Wasser in einem Topf anrühren, 10 Minuten quellen lassen. Erhitzen, bis sich das Pulver aufgelöst hat, dann abkühlen lassen. Frischkäse mit Zucker, Vanillezucker und Zitronensaft verrühren. Götterspeise unterrühren. Sobald die Masse anfängt zu gelieren, Sahne steif schlagen und unterheben. Käsemasse auf dem Tortenboden glatt streichen. Torte kalt stellen. Zitronen waschen und in Scheiben schneiden, 1 Minute in Zuckerwasser blanchieren. Zitronenscheiben dekorativ auf der Torte anrichten.

Biskuitrolle mit Mascarpone und Erdbeeren

Für den Biskuit:
4 Eier
125 g Zucker
1 Pck. Vanillezucker
1 Prise Salz
75 g Mehl
75 g Speisestärke
1 gestr. TL Backpulver
Zucker zum Bestreichen

Backofen auf 200 °C vorheizen. Für den Biskuit die Eier trennen. Eigelb mit Zucker und Vanillezucker zu einer schaumigen Creme aufschlagen. Eiweiß mit Salz steif schlagen, auf die Eiercreme geben. Mehl mit Speisestärke und Backpulver vermischen und übersieben, mit dem Schnee unter die Eiercreme heben.

Ein großes Backblech mit Backpapier auslegen. Teig gleichmäßig darauf streichen und in der Mitte des Backofens 12 Minuten backen.

Desserts, Kuchen und Torten

Für die Füllung und zum
Bestreichen:
250 Erdbeeren
225 g Erdbeerkonfitüre
250 g Mascarpone
50 g Puderzucker
1 Pck. Vanillezucker
2 EL Mandellikör
4 EL Milch
2 Blatt weiße Gelatine
200 ml Sahne

Ein sauberes Tuch auf der Arbeitsfläche ausbreiten und mit wenig Zucker bestreuen. Biskuitplatte sofort nach dem Backen vorsichtig darauf stürzen, Backpapier abziehen und den Biskuit mit dem Küchentuch zu einer lockeren Rolle aufwickeln. Bis zum Füllen so liegen lassen.

Für die Füllung Erdbeeren waschen, Stiele entfernen. Eine Hälfte beiseite stellen. Die übrigen klein schneiden, mit der Konfitüre in einem Topf 2 Minuten offen kochen, dann erkalten lassen.

Mascarpone mit Puderzucker, Vanillezucker, Mandellikör und 2 EL Milch verrühren. Gelatine mit 2 EL Milch und 2 EL Sahne einweichen, in einem Topf erhitzen, Gelatine auflösen und unter den Mascarpone rühren. Die restliche Sahne steif schlagen und zwei Drittel davon unter die Mascarponecreme ziehen.

Biskuit auseinander rollen, Zucker abpinseln. Biskuit mit der Hälfte der Erdbeermasse bestreichen. Mascarponecreme darauf verteilen. Biskuit mit Hilfe des Tuches vorsichtig einrollen. Die Oberfläche der Rolle erst mit der restlichen Erdbeermasse, dann mit der Sahne bestreichen. Übrige Erdbeeren in Scheiben schneiden. Die Rolle damit verzieren. Vor dem Verzehr 30 Minuten kühl stellen.

Quark-Soufflé-Torte

Für den Mürbeteig:
40 g Zucker
80 g Butter
160 g Mehl
1 Eiweiß
1 Prise Salz

Alle Zutaten für den Mürbeteig rasch verkneten und in Klarsichtfolie gewickelt 30 Minuten kalt stellen. Backofen auf 175 °C vorheizen. Teig auf einem Springformboden (26 cm Durchmesser) etwa 3 mm dünn ausrollen, mit einer Gabel mehrfach einstechen und 15 Minuten vorbacken.

Quark ausdrücken und mit dem Eigelb schaumig rühren. Butter schmelzen, ab-

148

Für die Quarkmasse:
450 g Magerquark
5 Eigelb
50 g Butter
50 g Mehl
30 g Speisestärke
300 ml Milch
1 unbehandelte Zitrone
7 Eiweiß
150 g Zucker

gekühlt dazugeben. Nach und nach Mehl, Stärke, Milch und die abgeriebene Zitronenschale untermischen.

Backofen auf 200 °C hochstellen. Eiweiß mit Zucker steif schlagen, unter die Quarkmasse heben. Auf den gebackenen Boden in die Springform füllen und 5 Minuten backen. Danach mit einem Messer vorsichtig den Teigrand vom Rand der Springform lösen. Kuchen weitere 10 Minuten backen. Hitze auf 175 °C reduzieren, weitere 15 Minuten backen.

Kuchen aus dem Ofen nehmen und 15 Minuten ruhen lassen. Danach noch einmal 15 Minuten fertig backen. Den Käsekuchen auskühlen lassen und aus der Springform nehmen. Zum Servieren mit Puderzucker bestäuben.

Kefir-Käsekuchen

Butter für die Form
5 Eier
325 g Zucker
1 Pck. Vanillezucker
1 kg Magerquark
1/4 l Kefir
abgeriebene Schale einer
unbehandelten Zitrone
4 EL Weizengrieß
1 Pck. Backpulver
1 Pck. Vanillepuddingpulver
100 g Dörraprikosen
Puderzucker zum Bestäuben

Backofen auf 175 °C vorheizen. Eine Springform (26 cm Durchmesser) mit Butter einfetten. Eier trennen. Eigelb mit Zucker und Vanillezucker verquirlen. Quark auspressen und mit Kefir und Zitronenschale mischen.

Grieß und Backpulver mischen, mit dem Puddingpulver unter die Quarkmasse mischen. Aprikosen 1/2 cm klein würfeln, dann unterheben.

Eiweiß steif schlagen und gleichmäßig unter die Quarkmasse ziehen. Quarkmasse in die Springform füllen. Kuchen ca. 60 Minuten auf der mittleren Einschubleiste des Backofens backen. Den abgekühlten Kuchen dick mit Puderzucker bestäuben.

Ricotta-Kirsch-Kuchen

Für den Mürbeteig:
150 g Mehl
100 g Butter
50 g Zucker
1 Eigelb
1 Prise Salz

Für die Ricotta-Masse:
4 Eier
600 g Ricotta
200 g saure Sahne
200 g Zucker
1 Pck. Vanillezucker
1 unbehandelte Zitrone
2 EL Speisestärke
100 g Amarenakirschen
3 EL Aprikosenkonfitüre
50 g Mandelblättchen

Für den Mürbeteig Mehl, Butter in Flöckchen, Zucker, Eigelb und 1 Prise Salz rasch zu einem glatten Teig verkneten. In Klarsichtfolie wickeln und 30 Minuten kalt stellen.

Backofen auf 175 °C vorheizen. Eine Springform (26 cm Durchmesser) fetten. Auf einer bemehlten Arbeitsfläche den Teig etwas größer als die Form ausrollen, die Springform damit auskleiden und einen Rand hochziehen.

Für die Füllung die Eier trennen. Eiweiß steif schlagen. Ricotta mit Eigelb, saurer Sahne, Zucker, Vanillezucker, etwas abgeriebener Zitronenschale und Stärke verquirlen, mit Zitronensaft abschmecken. Eischnee unterziehen.

Kirschen gut abtropfen lassen, dann auf dem Teig verteilen. Die Ricottamasse darauf geben, im Ofen mindestens eine Stunde auf der zweiten Schiene von unten backen. Danach 30 Minuten im ausgeschalteten Backofen abkühlen lassen.

Aprikosenkonfitüre erwärmen, durch ein Sieb streichen und die Oberfläche des Kuchens damit bestreichen. Mandelblättchen in einer beschichteten Pfanne ohne Fett bräunen. Die Oberseite des Kuchens damit bestreuen.

Rezeptverzeichnis

Rezeptverzeichnis